JN077273

公益法人　一般法人　NPO法人 等における インボイス制度の実務Q&A

公認会計士・税理士
岡部 正義［著］

清文社

はじめに

令和５年10月１日から消費税のインボイス制度がスタートします。インボイス制度は、取引の相手方の消費税計算に影響を与える可能性がある制度であるため、課税事業者だけでなく、免税事業者にも影響がある制度といわれています。

公益法人・一般法人・NPO法人・任意団体のような団体（以下、「非営利団体」という）は、免税事業者の団体も少なくありませんが、免税事業者であったとしてもインボイス制度が無関係とは限りません。また、非営利団体のうち課税事業者の団体においては、当然のことながらインボイス制度への対応が必要になります。このようにインボイス制度は、すべての非営利団体に関係する可能性がある制度といえます。

インボイス制度の検討・準備を進めるにあたっては、個々の取引に関して、どのような点が論点になって、どのような対応を行うべきか、個別具体的に検討することが重要となります。

インボイス制度に関する情報は、既にインターネットや書籍で数多く発信されていますが、その多くは営利事業者を前提とした内容であり、非営利団体を前提とした内容はあまり多くありません。営利事業者の取引と非営利団体の取引は必ずしも同じではなく、非営利団体には非営利団体特有の取引があり、インボイス制度に関する論点についても非営利団体特有の論点があります。

そこで、本書では非営利団体特有の取引を考慮の上、インボイス制度の検討・準備を進めるにあたり、非営利団体の実務上よく出てくると思われる論点についてQ&A形式で解説しています。

まず、第１章においてインボイス制度の概要を解説し、第２章において免税事業者の対応を解説しています。そして、インボイス制度においては、売手側の視点と、買手側の視点をそれぞれ考える必要があるため、第３章において課税事業者（適格請求書発行事業者）における売手側

（売上側）の論点を解説し、第４章において課税事業者（原則課税）における買手側（仕入側）の論点を解説しています。さらに、第５章においてインボイス制度導入による影響を解説し、最後にインボイス制度の検討・準備のためのチェックリストをまとめています。

令和５年度税制改正では、小規模事業者に対する２割特例や１万円未満の少額特例など、インボイス制度に関して重要な改正が行われましたが、本書においては令和５年度税制改正の内容も反映しています。

本書がインボイス制度の検討・準備を進める非営利団体の皆様や非営利団体に関与される公認会計士・税理士の先生方の実務の一助になれば幸いです。

令和５年４月

公認会計士・税理士　岡部 正義

CONTENTS

第1章 インボイス制度の概要

Q1- 1 インボイス制度の概要 3
Q1- 2 免税事業者とインボイス制度 6
Q1- 3 インボイス制度の開始時期 12
Q1- 4 インボイス制度の準備 14
Q1- 5 インボイス(適格請求書)とは 17
Q1- 6 適格簡易請求書とは 20
Q1- 7 仕入明細書とインボイス 23
Q1- 8 適格請求書の端数処理 26
Q1- 9 複数の書類による対応 28
Q1-10 適格返還請求書 33
Q1-11 修正インボイス 34
Q1-12 インボイスの再交付 35
Q1-13 手書きの領収書 37
Q1-14 インボイスの写しの保存 38
Q1-15 電子インボイス 41
Q1-16 帳簿記載 48
Q1-17 適格請求書発行事業者の登録 50
Q1-18 登録を取り消す場合 59
Q1-19 売上税額と仕入税額の計算方法 60
Q1-20 小規模事業者の負担軽減措置(2割特例) 68

第2章 免税事業者の対応

Q2- 1 免税事業者の判断 75
Q2- 2 免税事業者の判断(会費収入・寄付金収入・財産運用益を財源としている場合) 77
Q2- 3 免税事業者の判断(一般消費者を対象とした事業収益がある場合) 78

Q2- 4　免税事業者の判断(小規模と思われる事業者を対象とした事業収益(売上)がある場合)　80
Q2- 5　免税事業者の判断(事業収益の単価が少額な場合)　82
Q2- 6　免税事業者の判断(営利事業者と継続的な取引がある場合)　85
Q2- 7　免税事業者の判断(非営利団体と継続的な取引がある場合)　89
Q2- 8　免税事業者の判断(国・地方公共団体等からの受託事業がある場合)　91
Q2- 9　免税事業者から適格請求書発行事業者(課税事業者)になる場合の影響　94
Q2-10　免税事業者が経過措置により課税事業者になる場合　96
Q2-11　適格請求書発行事業者になる課税期間から簡易課税の適用を受ける場合　98
Q2-12　適格請求書発行事業者の登録を取消して免税事業者に戻る場合　100
Q2-13　インボイス制度開始後も免税事業者として継続する場合　103

第3章 課税事業者(適格請求書発行事業者)の対応(売上側)

Q3- 1　課税事業者と適格請求書発行事業者の登録　109
Q3- 2　インボイスの交付義務について　111
Q3- 3　会費収入とインボイス　114
Q3- 4　負担金収入とインボイス　117
Q3- 5　協賛金収入とインボイス　119
Q3- 6　寄付金収入とインボイス　121
Q3- 7　請負金収入とインボイス　122
Q3- 8　家賃収入とインボイス　123
Q3- 9　水道光熱費の請求とインボイス　126
Q3-10　出版物の販売とインボイス　127
Q3-11　海外売上とインボイス　130
Q3-12　出版物の委託販売とインボイスの交付　131
Q3-13　出版物の委託販売と委託販売手数料に関するインボイス　135
Q3-14　送料相当額の請求とインボイス　137
Q3-15　著作権使用料収入(印税収入)とインボイス　139
Q3-16　受講料収入とインボイス　142
Q3-17　資格関連収入とインボイス　146
Q3-18　受講料等のキャンセル返金　150
Q3-19　キャンセル返金時の振込手数料　152

Q3-20 売上から差し引かれた振込手数料 156
Q3-21 決済代行会社とインボイス 158
Q3-22 学術集会の参加料とインボイス 160
Q3-23 学術集会の総会長名によるインボイスの交付 164
Q3-24 他団体との共同事業におけるインボイスの交付 166
Q3-25 支部におけるインボイスの対応 170
Q3-26 入金日とインボイスの対応 172
Q3-27 非営利団体における税額計算 174

第4章 課税事業者（原則課税）の対応（仕入側）

Q4- 1 仕入取引における登録番号 179
Q4- 2 継続取引先の登録確認 181
Q4- 3 免税事業者等からの仕入 185
Q4- 4 インボイスがなくても仕入税額控除が認められる取引 188
Q4- 5 取引の相手方からインボイスが交付されなかった場合 192
Q4- 6 クレジットカード取引とインボイス 194
Q4- 7 立替払いとインボイス 196
Q4- 8 公共交通機関の旅費 198
Q4- 9 従業員等の旅費とインボイス 200
Q4-10 実費精算による旅費とインボイス 203
Q4-11 委員の旅費とインボイス 205
Q4-12 謝金とインボイス 206
Q4-13 講師旅費とインボイス 208
Q4-14 謝金の証憑 211
Q4-15 家賃支払いとインボイス 214
Q4-16 水道光熱費の請求とインボイス 216
Q4-17 他の非営利団体の一部を間借りしている場合 217
Q4-18 学術集会の経費とインボイスの保存 219
Q4-19 他団体との共同事業とインボイスの保存 224
Q4-20 電子インボイスの保存（仕入側） 226
Q4-21 スキャナ保存（仕入側） 232
Q4-22 支払日とインボイスの対応 235
Q4-23 特定収入に係る課税仕入の調整計算とインボイス制度 237

第5章
インボイス制度導入による影響

Q5-1　免税事業者における取引価格見直しの要否　243
Q5-2　謝金水準の見直し　245
Q5-3　インボイスと課税選択　248
Q5-4　インボイスと計算方法の選択（原則課税と簡易課税）　250

インボイス制度の検討・準備のためのチェックリスト
1　免税事業者のチェックリスト　253
2　課税事業者のチェックリスト　254
3　適格請求書発行事業者・売手編のチェックリスト　255
4　課税事業者（原則課税）・買手編のチェックリスト　257

※本書は令和５年４月１日現在の法令等に基づいています。

凡　例

本書では、法令等について次の略称を使用しています。

略　称	正式名
28年改正法	所得税法等の一部を改正する法律（平成28年法律第15号）
30年改正令	消費税法施行令等の一部を改正する政令（平成30年政令第135号）
消法	改正前の消費税法
新消法	改正後の消費税法
消令	改正前の消費税法施行令
新消令	改正後の消費税法施行令
新消規	改正後の消費税法施行規則
消基通	消費税法基本通達
軽減通達	消費税の軽減税率制度に関する取扱通達
インボイス通達	消費税の仕入税額控除制度における適格請求書等保存方式に関する取扱通達
インボイスQ&A	消費税の仕入税額控除制度における適格請求書等保存方式に関するQ&A
電帳法	電子計算機を使用して作成する国税関係帳簿書類の保存方法等の特例に関する法律
電帳規	電子計算機を使用して作成する国税関係帳簿書類の保存方法等の特例に関する法律施行規則

本書において想定している非営利団体は、公益法人（公益社団法人・公益財団法人）、一般法人（一般社団法人・一般財団法人）、NPO法人（特定非営利活動法人）、任意団体（人格のない社団等）です。

第1章 インボイス制度の概要

インボイス制度が、令和５年10月１日からスタートします。非営利団体の中には消費税の免税事業者になっている団体も少なくありませんが、インボイス制度は、課税事業者か免税事業者か関係なく、すべての非営利団体に関係する可能性がある制度であるため、たとえ免税事業者の非営利団体であっても、インボイス制度について理解しておくことは重要です。そこで、第１章では、インボイス制度の概要について解説します。

1-1 インボイス制度の概要

インボイス制度とは、どのような制度でしょうか。

インボイス制度とは、適格請求書発行事業者が交付するインボイス（適格請求書・適格簡易請求書）がなければ、原則課税による消費税の計算上、仕入税額控除ができなくなる制度のことをいいます。

解説

消費税の原則的な計算方法は、次のとおりです。

消費税の原則的な計算方法

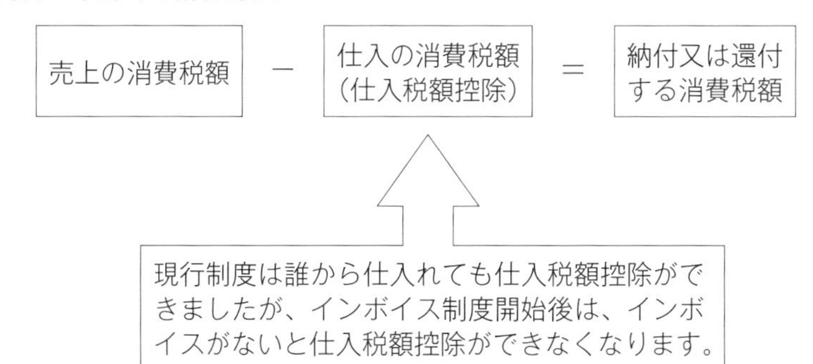

上記の消費税の計算に関して、現行制度上は、誰から仕入れても仕入の消費税額についてマイナス（仕入税額控除）することができましたが、インボイス制度導入後は、適格請求書発行事業者が交付するインボイス（適格請求書・適格簡易請求書）がなければ、原則として仕入税額控除ができなくなります。

本来、仕入税額控除とは、仕入先において消費税が納税されているという前提のもとに、買手側で仕入の消費税額を控除している仕組みです。一方、消費税においては免税事業者制度があるため、買手側で支払った消費税が仕入先において納税されているとは限りませんでした。このように免税事業者において、消費税が納税されないことは、一般的に益税問題といわれてきました。このような益税問題を解消するため、仕入先で消費税が納税されていなければ、買手側で仕入の消費税額が控除できないという制度（インボイス制度）が導入されることになりました。

インボイス（適格請求書・適格簡易請求書）を交付するためには、適格請求書発行事業者の登録を行う必要があり、当該登録を行うためには、課税事業者（消費税を申告している事業者）である必要があります。そのため、インボイス（適格請求書・適格簡易請求書）を交付する事業者は、課税事業者であることが明らかといえます。

このように、インボイス制度においては、適格請求書発行事業者が交付するインボイスがあるのか否かによって、仕入税額控除の扱いが変わることになります。

インボイス制度と仕入税額控除

制　度	仕入税額控除
現行制度	仕入先が課税事業者なのか、免税事業者なのかはわからないため、免税事業者からの仕入であっても、仕入税額控除ができます。
インボイス制度	課税事業者である適格請求書発行事業者が交付するインボイス（適格請求書・適格簡易請求書）がなければ、原則として仕入税額控除ができなくなります。結果として、インボイスが交付できない免税事業者からの仕入については、仕入税額控除ができなくなります。 （ただし、経過措置により、免税事業者からの仕入であっても、一定期間は、一定割合について仕入税額控除ができます（**Q４－３**参照）。また、令和５年度税制改正により、基準期間における課税売上高が１億円以下又は特定期間における課税売上高が5,000万円以下である事業者については、令和５年10月１日から令和11年９月30日までの期間、１万円未満の課税仕入について、インボイスがなくても仕入税額控除ができます。）

インボイスとは

　インボイスという名称は通称であって、正式には適格請求書といいます。そのため、インボイス制度は、正式には適格請求書等保存方式といいます。なお、適格請求書となっていますが、実際の書類の名称は問いません。レシートや領収書、納品書等であっても、消費税法上の記載事項を満たしたものは、適格請求書（通称「インボイス」）となります。

1-2

免税事業者とインボイス制度

本会は免税事業者ですが、なぜ、インボイス制度が免税事業者にも関係があるのでしょうか。

インボイス制度は、インボイスの有無によって取引の相手方の消費税計算に影響を与える可能性がある制度であるため、インボイスの交付ができない場合、取引の見直し等が生じる可能性があります。そのため、インボイス制度は、インボイスの交付ができない免税事業者にも関係のある制度といわれています。ただし、実際にインボイス制度の影響があるか否かはケースバイケースです（**第２章** 参照）。

解 説

消費税の原則的な計算方法は、次のとおりです。

消費税の原則的な計算方法

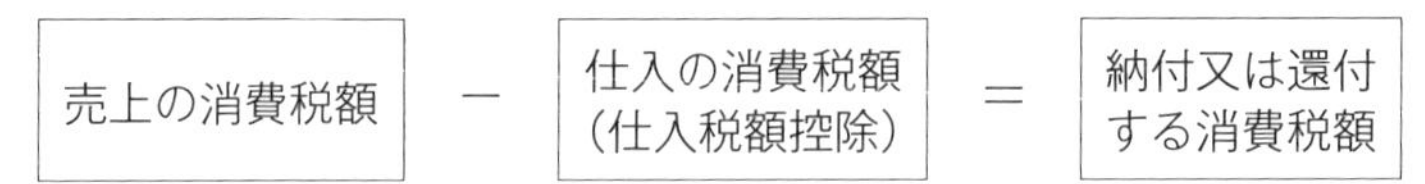

たとえば、11,000円の商品を仕入れて、13,200円で売り上げた場合、次のように計算します。

1　現行制度における消費税計算

現行制度のイメージと消費税計算は、次のとおりです。

現行制度のイメージ

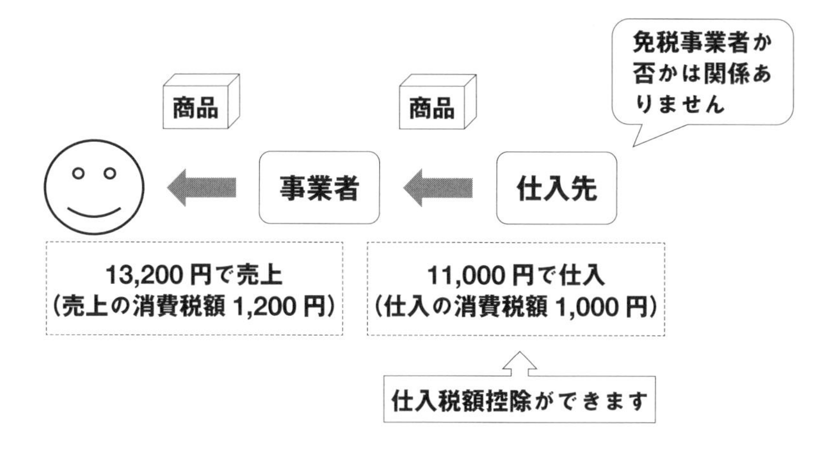

〈現行制度における消費税計算〉

売上の消費税額 1,200円－仕入の消費税額 1,000円

＝納付する消費税額 200円

現行制度上は、誰から仕入れていたとしても仕入税額控除ができます。

2　インボイス制度開始後における消費税計算

インボイス制度が開始すると、商品の仕入先がインボイスを交付する事業者か否かによって、消費税の計算が変わることになります。

(1) インボイスの交付がある場合の消費税計算

インボイスの交付がある場合のイメージと消費税計算は、次のとおりです。

インボイス制度開始後のイメージ（仕入先がインボイスを交付する場合）

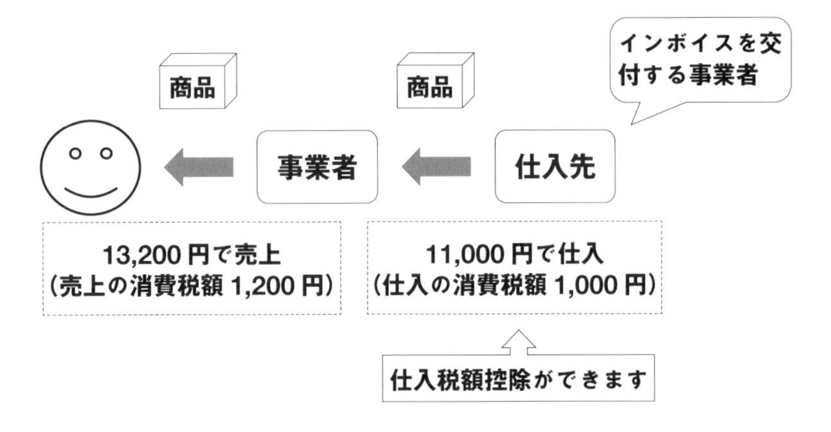

〈仕入先がインボイスを交付する場合の消費税計算〉
売上の消費税額 1,200円－仕入の消費税額 1,000円
＝納付する消費税額 200円

仕入に対してインボイスがあるため、従来どおり、仕入の消費税額1,000円について仕入税額控除ができます。そのため、納付すべき消費税額は、現行制度と変わりません。

(2) インボイスの交付がない場合の消費税計算

インボイスの交付がない場合のイメージと消費税計算は、次のとおりです。

インボイス制度開始後のイメージ（仕入先がインボイスを交付しない場合）

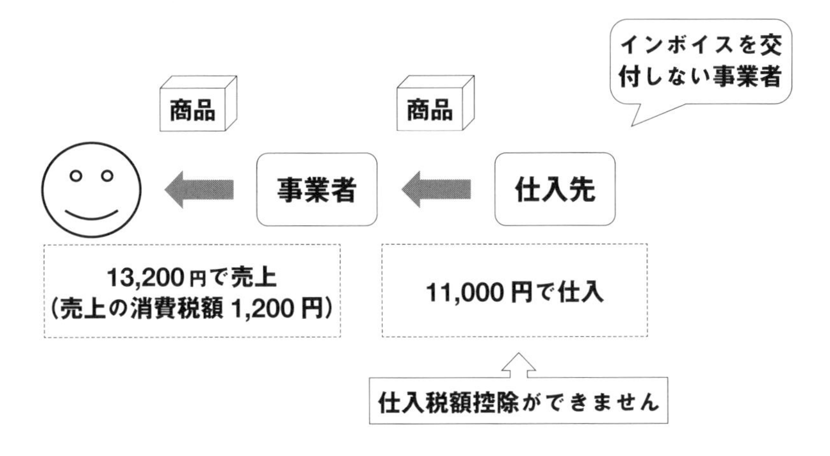

〈仕入先がインボイスを交付しない場合の消費税計算〉

売上の消費税額 1,200円－仕入の消費税額 0 円

＝納付する消費税額 1,200円

仕入に対してインボイスがないため、仕入の消費税額について仕入税額控除ができません。その結果、インボイスの交付がある場合と比較して、納付すべき消費税額が増えることになります。

3　まとめ

現行制度とインボイス制度の消費税の計算結果は、次のとおりです。

現行制度とインボイス制度の消費税の計算

（単位：円）

		売上税額	仕入税額	納付税額
現行制度		1,200	1,000	200
インボイス制度	インボイスの交付あり	1,200	1,000	200
	インボイスの交付なし	1,200	0	1,200

このようにインボイス制度においては、同じ商品を11,000円で仕入れたとしても、仕入先がインボイスを交付するか否かによって、消費税負担が変わることになります。

一般的には、インボイスがないと買手側の消費税負担が増えるため、買手側において、インボイスの交付ができない事業者との取引関係を見直したり、取引価格を見直したりする状況が生じるといわれています。

売手側の立場で考えると、仮に売手が免税事業者の場合、インボイスの交付ができないため、取引の見直しを求められる可能性があるといえます。そのため、インボイス制度は、課税事業者だけでなく免税事業者にも関係のある制度といわれています。

なお、上記の論点は、あくまで一般論であり、実際にインボイス制度の影響があるか否かはケースバイケースです。特に、営利事業者と非営利団体では、同じような状況とは限らないため、実際にインボイス制度の影響があるか否かは、非営利団体特有の状況を勘案した上で、個別具体的に検討することになります。免税事業者の対応に関しては、「第2章　免税事業者の対応」をご参照ください。

免税事業者と課税事業者の選択

基準期間（原則として前々事業年度）における課税売上高が1,000万円以下であって、特定期間（原則として前事業年度の上半期）における課税売上高（又は給与等支払額）が1,000万円以下の事業者は、免税事業者となります。

なお、消費税は、原則として「売上の消費税額ー仕入の消費税額」で計算するため、売上の消費税額よりも仕入の消費税額の方が大きい場合は、還付を受けることができます。そのため、免税事業者の要件を満たしていたとしても、還付を受けるために、あえて「消費税課税事業者選択届出書」を提出することによって、課税事業者を選択するケースはあります。

インボイス制度開始後、インボイスを交付するためには、課税事業者となる必要があります。インボイス制度開始前までは、免税事業者となるような事業者においては、消費税の還付が見込まれるか否かにより、あえて課税事業者を選択すべきか否かを検討していましたが、インボイス制度開始後は、インボイスの交付が必要か否かにより、あえて課税事業者を選択すべきか否かを検討することになります（**Q5－3**参照）。

1-3

インボイス制度の開始時期

インボイス制度は、いつから開始するのでしょうか。

インボイス制度は、令和５年10月１日から開始します。令和５年10月１日を登録日とするためには、原則として令和５年３月31日までに申請手続を行う必要がありますが（28年改正法附則44①）、当該期限はあくまで原則の期限であり、実際の運用上は、令和５年９月30日までに申請すれば、令和５年10月１日を登録日とすることができます。

解 説

インボイス制度は、令和５年10月１日から開始しますが、実務上は、それより前から準備する必要があります。

まず、適格請求書発行事業者の登録日をインボイス制度の開始日である令和５年10月１日とするためには、原則として令和５年３月31日までに登録申請を行う必要があります（28年改正法附則44①）。ただし、当該期限はあくまで原則の期限であり、実際の運用上は、令和５年９月30日までに申請すれば、令和５年10月１日を登録日とすることができます。登録手続に関しては、**Q１－17**をご参照ください。

なお、インボイス制度においては、適格請求書発行事業者の登録以外にも、様々な論点について事前に準備・検討しておく必要があります（Q１－４参照）。

インボイス制度のスケジュール

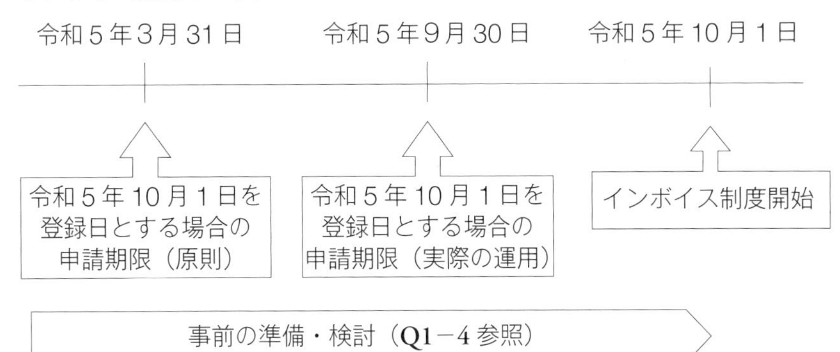

1-4

インボイス制度の準備

インボイス制度の準備を進めるにあたって、どのような検討論点があるのでしょうか。

A

インボイス制度の準備を進めるにあたっては、インボイスを交付する立場（売手側）とインボイスの交付を受ける立場（買手側）の２つの視点からの検討が必要になります。

検討にあたっては、課税事業者なのか免税事業者なのか、また課税事業者の場合は、原則課税なのか簡易課税なのかによって、検討論点が異なります。

解 説

インボイス制度の準備を進めるにあたっての検討論点は、次表のとおりです。

インボイス制度の検討論点

<table>
<tr><th colspan="2">事業者</th><th>売手側（売上側）の視点</th><th>買手側（仕入側）の視点</th></tr>
<tr><td colspan="2">免税事業者</td><td>取引先との関係上、インボイスを交付するために、課税事業者になった上で適格請求書発行事業者になるべきか否かを検討します。
→「第２章　免税事業者の対応」参照</td><td>免税事業者を継続する場合、消費税計算を行わないため、インボイスは関係ありません。</td></tr>
<tr><td rowspan="2">課税事業者</td><td>原則課税</td><td rowspan="2">取引先との関係上、インボイスを交付するために、適格請求書発行事業者になるべきか否かを検討します。
適格請求書発行事業者になる場合、どのような形でインボイスを交付するのかについて検討します。
→「第３章　課税事業者（適格請求書発行事業者）の対応（売上側）」参照</td><td>インボイスの有無によって、仕入税額控除の可否が変わるため、仕入先からインボイスの交付を受けられるかどうかについて確認します。
→「第４章　課税事業者（原則課税）の対応（仕入側）」参照</td></tr>
<tr><td>簡易課税</td><td>簡易課税の場合、みなし仕入率で仕入税額控除の計算を行うため、インボイスは関係ありません。</td></tr>
</table>

なお、令和５年度税制改正により、適格請求書発行事業者となった小規模事業者に関して、一定の経過措置期間中は、納税額を売上税額の２割とする特例が設けられました。当該特例を適用する場合は、簡易課税の場合と同様に、買手側（仕入側）に関して、インボイスは関係ありません（Q１－20参照）。

原則課税（本則課税・一般課税）

原則課税とは、「売上の消費税額ー仕入の消費税額」によって消費税額を計算する原則的な計算方法のことです。簡易課税との対比で一般的に使われる呼び方であり、本則課税や一般課税と呼ばれることもあります。

簡易課税

簡易課税とは、仕入の消費税額を売上の事業区分に応じた「みなし仕入率」でみなし計算する方法です。原則課税の場合、仕入の消費税額は、実際に仕入れた金額から計算することになりますが、簡易課税の場合、実際に仕入れた金額から仕入の消費税額を計算するのではなく、売上の消費税額に「みなし仕入率」を乗じて計算します。たとえば、卸売業の売上であれば90%が「みなし仕入率」となり、製造業であれば70%が「みなし仕入率」となります。実際に仕入れた消費税額にもとづいて計算するのではなく、売上の消費税額に「みなし仕入率」を乗じて簡易的に計算するため、簡易課税と呼ばれています。

簡易課税は、基準期間における課税売上高が5,000万円以下の事業者が「消費税簡易課税制度選択届出書」を提出することで適用できる制度です。

簡易課税の場合、「みなし仕入率」で仕入の消費税額を計算するため、仕入に関してインボイスの有無は関係ありません。

簡易課税のみなし仕入率

事業区分		みなし仕入率
第１種事業	卸売業	90%
第２種事業	小売業等	80%
第３種事業	製造業等	70%
第４種事業	その他	60%
第５種事業	サービス業等	50%
第６種事業	不動産業	40%

1-5

インボイス(適格請求書)とは

インボイス(適格請求書)とは、どのような内容を記載した書類のことをいうのでしょうか。

インボイス(適格請求書)の様式は、法令等で定められていません。そのため、請求書、納品書、領収書等の名称を問わず、消費税法上の記載事項を満たした書類が適格請求書となります(インボイス通達3−1)。

解 説

インボイス(適格請求書)とは、次の事項を記載した書類のことをいいます。

適格請求書の記載事項(新消法57の4①)

❶	適格請求書発行事業者の氏名又は名称及び登録番号
❷	課税資産の譲渡等を行った年月日(課税期間の範囲内で一定の期間内に行った課税資産の譲渡等につき適格請求書をまとめて作成する場合には、当該一定の期間)
❸	課税資産の譲渡等に係る資産又は役務の内容(課税資産の譲渡等が軽減対象資産の譲渡等である場合には、資産の内容及び軽減対象資産の譲渡等である旨)
❹	課税資産の譲渡等の税抜価額又は税込価額を税率ごとに区分して合計した金額及び適用税率
❺	税率ごとに区分した消費税額等
❻	書類の交付を受ける事業者の氏名又は名称

適格請求書の記載例

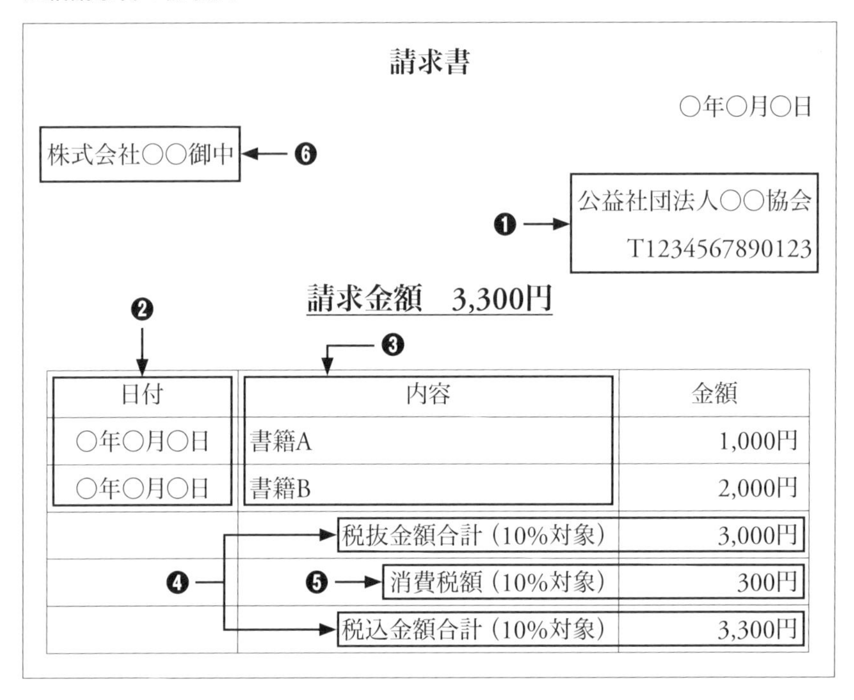

請求書

○年○月○日

株式会社○○御中 ← ❻

❶ → 公益社団法人○○協会
T1234567890123

請求金額　3,300円

❷ ❸

日付	内容	金額
○年○月○日	書籍A	1,000円
○年○月○日	書籍B	2,000円
	税抜金額合計（10%対象）	3,000円
❹	❺ → 消費税額（10%対象）	300円
	税込金額合計（10%対象）	3,300円

なお、インボイス制度導入前の請求書は、区分記載請求書といわれています。区分記載請求書とインボイス（適格請求書）の記載事項の違いは、次のとおりです。

区分記載請求書と適格請求書の記載事項

区分記載請求書 （令和５年９月30日まで）	適格請求書 （令和５年10月１日から）
① 書類の作成者の氏名又は名称	① 適格請求書発行事業者の氏名又は名称及び登録番号
② 課税資産の譲渡等を行った年月日	② 課税資産の譲渡等を行った年月日
③ 課税資産の譲渡等に係る資産又は役務の内容（課税資産の譲渡等が軽減対象資産の譲渡等である場合には、資産の内容及び軽減対象資産の譲渡等である旨）	③ 課税資産の譲渡等に係る資産又は役務の内容（課税資産の譲渡等が軽減対象資産の譲渡等である場合には、資産の内容及び軽減対象資産の譲渡等である旨）
④ 税率ごとに合計した課税資産の譲渡等の税込価額	④ 税率ごとに区分した課税資産の譲渡等の税抜価額又は税込価額の合計額及び適用税率
	⑤ 税率ごとに区分した消費税額等
⑤ 書類の交付を受ける当該事業者の氏名又は名称	⑥ 書類の交付を受ける当該事業者の氏名又は名称

※下線の箇所が、従来の区分記載請求書から変更となる箇所です。

適格請求書になって追記される項目は、「登録番号」「適用税率」「税率ごとに区分した消費税額等」です。現時点の請求書や領収書において、「適用税率」や「税率ごとに区分した消費税額等」を記載している場合、追記される項目は「登録番号」のみとなります。

1-6

適格簡易請求書とは

適格簡易請求書とは、どのようなものでしょうか。また、どのような場合に適格簡易請求書を交付することができるのでしょうか。

適格簡易請求書とは、適格請求書よりも記載事項が少ない簡易なインボイスのことです。不特定かつ多数の者を対象とした取引の場合、適格簡易請求書を交付することができます。

解 説

不特定かつ多数の者に課税資産の譲渡等を行う事業の場合、適格請求書に代えて、適格請求書の記載事項を簡易なものとした適格簡易請求書を交付することができます（新消法57の４②、新消令70の11）。適格簡易請求書とは、次の事項を記載した書類のことをいいます。

適格簡易請求書の記載事項（新消法57の４②）

❶	適格請求書発行事業者の氏名又は名称及び登録番号
❷	課税資産の譲渡等を行った年月日
❸	課税資産の譲渡等に係る資産又は役務の内容（課税資産の譲渡等が軽減対象資産の譲渡等である場合には、資産の内容及び軽減対象資産の譲渡等である旨）
❹	課税資産の譲渡等の税抜価額又は税込価額を税率ごとに区分して合計した金額
❺	税率ごとに区分した消費税額等又は適用税率

適格簡易請求書の記載例（消費税額を記載している例）

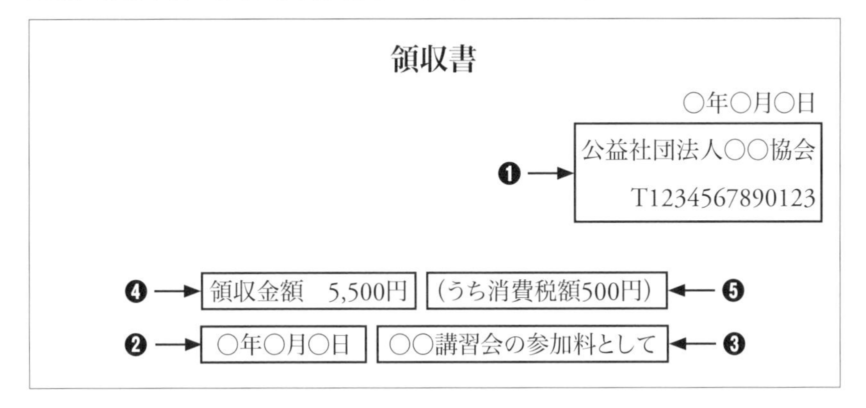

適格簡易請求書の記載例（適用税率を記載している例）

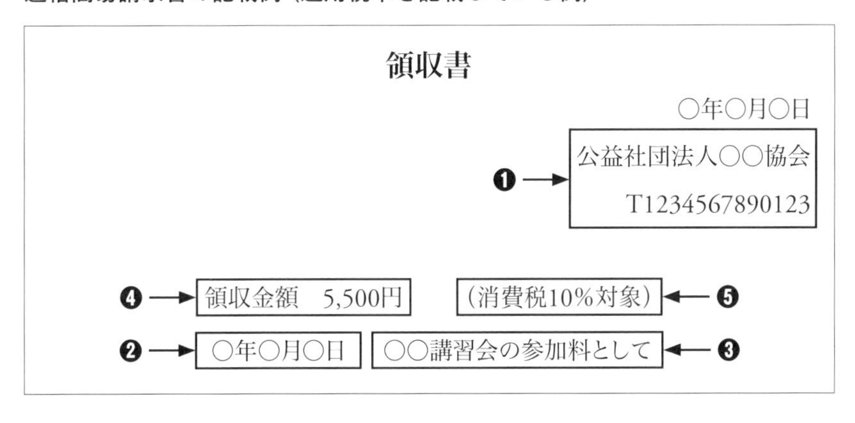

適格簡易請求書の交付ができる事業は、次のとおりです。

適格簡易請求書の交付ができる事業（新消令70の11）

①	小売業
②	飲食店業
③	写真業
④	旅行業
⑤	タクシー業
⑥	駐車場業（不特定かつ多数の者に対するものに限ります。）
⑦	その他これらの事業に準ずる事業で不特定かつ多数の者に資産の譲渡等を行う事業

「不特定かつ多数の者に資産の譲渡等を行う事業」であるかどうかは、個々の事業の性質により判断しますが、たとえば、次のような事業が該当することとなります。

不特定かつ多数の者に資産の譲渡等を行う事業の例（インボイスQ&A《適格簡易請求書の交付ができる事業》）

①	資産の譲渡等を行う者が資産の譲渡等を行う際に相手方の氏名又は名称等を確認せず、取引条件等をあらかじめ提示して相手方を問わず広く資産の譲渡等を行うことが常態である事業
②	事業の性質上、事業者がその取引において、氏名等を確認するものであったとしても、相手方を問わず広く一般を対象に資産の譲渡等を行っている事業（取引の相手方について資産の譲渡等を行うごとに特定することを必要とし、取引の相手方ごとに個別に行われる取引であることが常態である事業を除きます。）

なお、適格簡易請求書は、「税率ごとに区分した消費税額等又は適用税率」の記載が必要とされているため、適用税率を記載すれば消費税額等を記載する必要はありません。ただし、売上税額を積上げ計算で行う場合は、適格簡易請求書であっても消費税額の記載が必要になるため、ご留意ください（**Q 1 −19**参照）。

1-7

仕入明細書とインボイス

本会は、売上に関して従来から請求書を交付しておらず、買手側から仕入明細書（支払通知書）をもらっています。このような場合、インボイス制度開始後は、どのような扱いになるのでしょうか。

消費税の仕入税額控除を行うためには、原則として売手側が交付する適格請求書や適格簡易請求書が必要となりますが、適格請求書や適格簡易請求書ではなく、買手側が作成する仕入明細書でも仕入税額控除を行うことができます（新消法30⑨三）。

解 説

買手側がいくら仕入れたのか把握しているような取引においては、売手側が請求書を交付するのではなく、買手側が仕入明細書を交付することがあります。このような場合、消費税の仕入税額控除を行うにあたっては、売手側が交付した請求書ではなく、買手側が作成した仕入明細書を保存することになります。仕入明細書とは、次の事項を記載した書類のことをいいます。

仕入明細書の記載事項（新消令49④）

❶	仕入明細書の作成者の氏名又は名称
❷	課税仕入れの相手方の氏名又は名称及び登録番号
❸	課税仕入れを行った年月日（課税期間の範囲内で一定の期間内に行った課税仕入れについてまとめて作成する場合には、当該一定の期間）
❹	課税仕入れに係る資産又は役務の内容（課税仕入れが他の者から受けた軽減対象資産の譲渡等に係るものである場合には、資産の内容及び軽減対象資産の譲渡等に係るものである旨）
❺	税率ごとに合計した課税仕入れに係る支払対価の額及び適用税率
❻	税率ごとに区分した消費税額等

※課税仕入れの相手方（売手側）の確認が必要となります。

仕入明細書の記載例

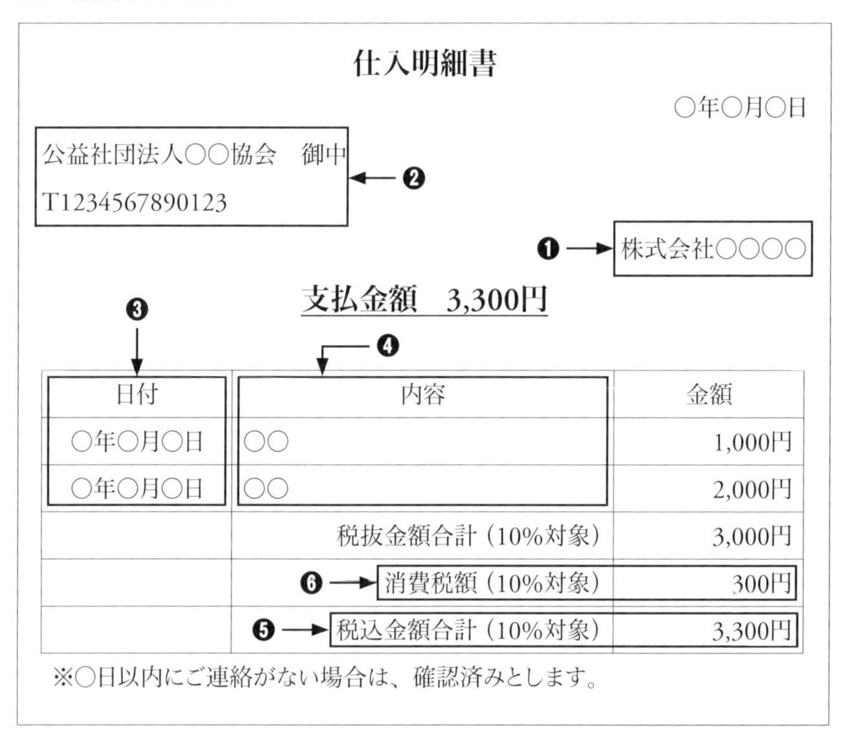
仕入明細書

○年○月○日

公益社団法人○○協会　御中
T1234567890123
← ❷

❶ → 株式会社○○○○

支払金額　3,300円

❸ ❹

日付	内容	金額
○年○月○日	○○	1,000円
○年○月○日	○○	2,000円
	税抜金額合計（10%対象）	3,000円
	❻ → 消費税額（10%対象）	300円
	❺ → 税込金額合計（10%対象）	3,300円

※○日以内にご連絡がない場合は、確認済みとします。

仕入明細書には、基本的に適格請求書と同じ記載事項が必要になるため、売手側の登録番号の記載が必要になります。そのため、事前に、売手側の登録番号を買手側に対して通知しておく必要があります。

また、仕入明細書については、課税仕入の相手方（売手側）の確認が必要となりますが（新消法30⑨三）、相手方の確認方法としては、次のような方法があります。

仕入明細書の相手方の確認方法（インボイス通達４－６、インボイスQ&A《仕入明細書の相手方への確認》）

①	仕入明細書等への記載内容を、通信回線等を通じて課税仕入れの相手方の端末機に出力し、確認の通信を受けた上で自己の端末機から出力したもの
②	仕入明細書等に記載すべき事項に係る電磁的記録につきインターネットや電子メールなどを通じて課税仕入れの相手方へ提供し、当該相手方からその確認をした旨の通知等を受けたもの
③	仕入明細書等の写しを相手方に交付し、又は当該仕入明細書等に記載すべき事項に係る電磁的記録を相手方に提供し、一定期間内に誤りのある旨の連絡がない場合には記載内容のとおりに確認があったものとする基本契約等を締結した場合におけるその当該一定期間を経たもの

なお、③については、次のような方法で相手方の確認を受けたものとなります。

③の確認方法の例

③－１	仕入明細書等に「送付後一定期間内に誤りのある旨の連絡がない場合には記載内容のとおり確認があったものとする」旨の通知文書等を添付して相手方に送付し、又は提供し、了承を得る方法
③－２	仕入明細書等又は仕入明細書等の記載内容に係る電磁的記録に「送付後一定期間内に誤りのある旨の連絡がない場合には記載内容のとおり確認があったものとする」といった文言を記載し、又は記録し、相手方の了承を得る方法

1-8

適格請求書の端数処理

適格請求書には、消費税額等を記載することになっていますが、その際の端数処理は、どのように行うのでしょうか。

適格請求書においては、税率ごとに区分した消費税額等を記載する必要があります。その際、一の適格請求書につき、税率ごとに１回の端数処理を行います（新消令70の10、インボイス通達３－12）。個々の商品ごとではなく、一の適格請求書につき、１回となる点にご留意ください。なお、端数処理は、「切上げ」「切捨て」「四捨五入」いずれの方法でも問題ありません。

解説

インボイス制度開始前の請求書においては、税込金額を記載していれば、消費税額等の記載は必須ではありませんでした。非営利団体の取引は、千円単位や万円単位の取引が多いため、請求書や領収書において、税込金額のみを記載し、消費税額等を記載していないケースも多いと思われます。

しかしながら、インボイス制度開始後において適格請求書を交付する場合は、仮に千円単位や万円単位の税込価格表示であったとしても、その価格の中に含まれている消費税額等を記載する必要があります。

税込金額から消費税額等を算出する場合、10%の消費税率であれば、「税込金額×10／110」を乗じて計算することになります。税込金額11,000円など、ちょうど10／110で割り切れる場合は問題ありませんが、たとえば、税込金額10,000円のように10／110で割り切れない場合は、端数が生じます。このような場合、どのような形で端数処理を行うのかが重要となります。

端数処理に関しては、「切上げ」「切捨て」「四捨五入」のいずれの方法も認められていますが、ここで重要となるのは、どの単位で端数処理を行うのかという点です。

端数処理は、一の適格請求書につき、1回の処理となります。仮に、請求書上に商品の内訳があった場合、商品の内訳ごとに端数処理を行うわけではない点に留意が必要です。

適格請求書における端数処理の具体例として、書籍A（税込2,000円）と書籍B（税込3,000円）の合計5,000円を販売し、5,000円の適格請求書を交付した場合の端数処理は、次のようになります。

○ 正しい例／一適格請求書単位の端数処理

内　容	税込金額	消費税額等
書籍A	2,000	
書籍B	3,000	
合計（10%対象）	5,000	5,000×10／110=454（切捨て）

× 認められない例／商品単位の端数処理

内　容	税込金額	消費税額等
書籍A	2,000	2,000×10／110=181（切捨て）
書籍B	3,000	3,000×10／110=272（切捨て）
合計（10%対象）	5,000	181+272=453

なお、適格簡易請求書の場合、「税率ごとに区分した消費税額等」又は「適用税率」のいずれか記載すればよいため、「適用税率」の記載を行えば、消費税額等の端数処理の論点は出てきません。ただし、売上税額を積上げ計算で行う場合は、適格簡易請求書であっても消費税額等の記載が必要となり、消費税額等の端数処理の論点が出てくるため、ご留意ください（**Q 1 －19**参照）。

1-9

複数の書類による対応

請求書と納品書がある場合における適格請求書の扱いについて教えてください。

請求書と納品書を合わせることで適格請求書の記載事項を満たす場合、複数の書類を一つの適格請求書として扱うことになります。

解説

適格請求書には、次の記載事項を満たす必要がありますが、すべてを一つの書類で満たす必要はありません。

適格請求書の記載事項（新消法57の４①）

❶	適格請求書発行事業者の氏名又は名称及び登録番号
❷	課税資産の譲渡等を行った年月日（課税期間の範囲内で一定の期間内に行った課税資産の譲渡等につき適格請求書をまとめて作成する場合には、当該一定の期間）
❸	課税資産の譲渡等に係る資産又は役務の内容（課税資産の譲渡等が軽減対象資産の譲渡等である場合には、資産の内容及び軽減対象資産の譲渡等である旨）
❹	課税資産の譲渡等の税抜価額又は税込価額を税率ごとに区分して合計した金額及び適用税率
❺	税率ごとに区分した消費税額等
❻	書類の交付を受ける事業者の氏名又は名称

たとえば、請求書と納品書がセットの取引の場合、個々の取引内容は納品書に記載されていて、請求書上、取引内容が明記されてないようなケースもあります。

請求書の例（請求書上、❸取引内容の記載なし）

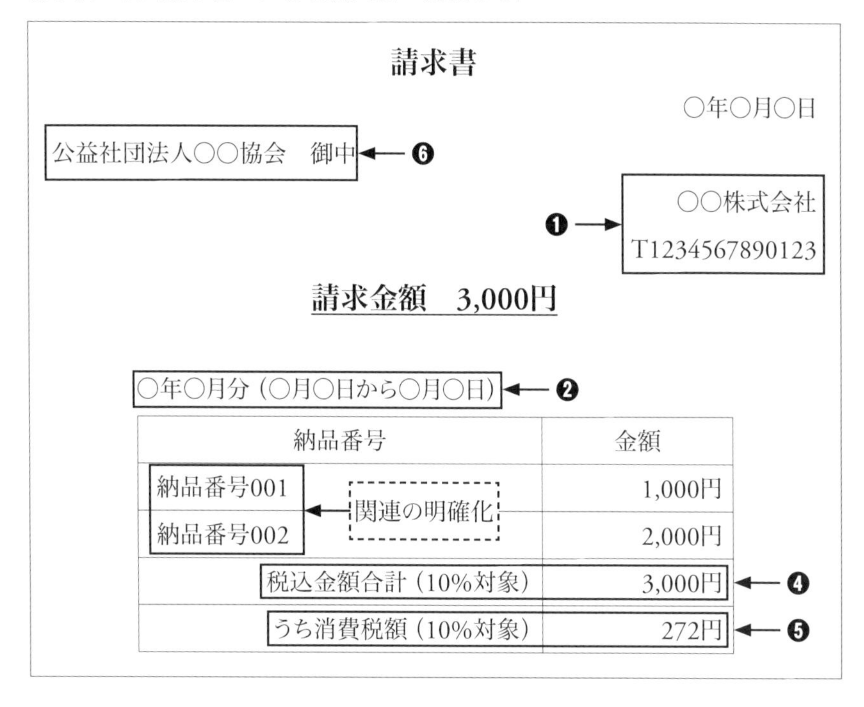
請求書

○年○月○日

公益社団法人○○協会　御中 ← ❻

❶ → ○○株式会社
T1234567890123

請求金額　3,000円

○年○月分（○月○日から○月○日）← ❷

納品番号	金額
納品番号001	1,000円
納品番号002	2,000円
税込金額合計（10%対象）	3,000円
うち消費税額（10%対象）	272円

納品書の例（納品書上、❸取引内容の記載あり）

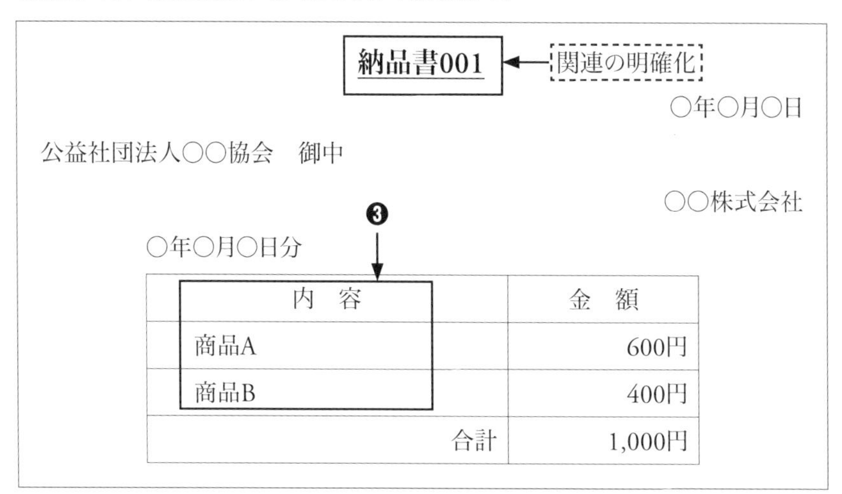
納品書001 ← 関連の明確化

○年○月○日

公益社団法人○○協会　御中

○○株式会社

○年○月○日分

内　容	金　額
商品A	600円
商品B	400円
合計	1,000円

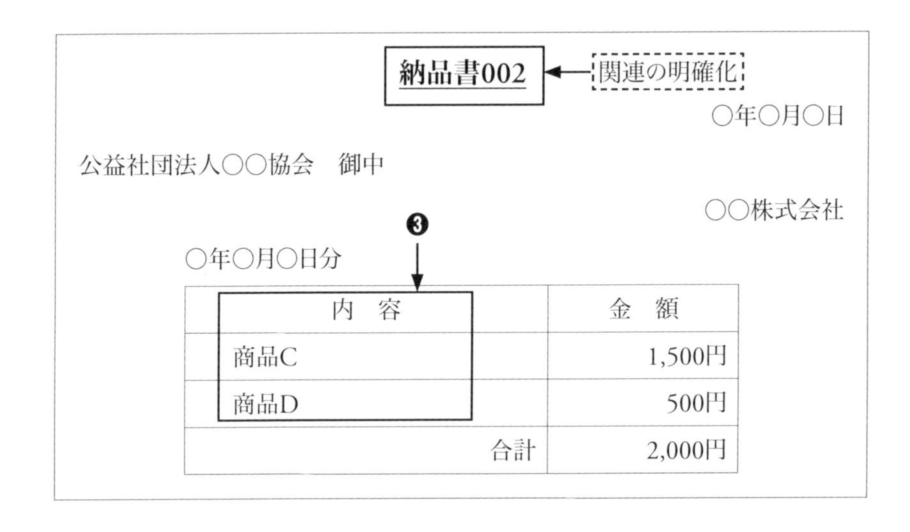

内　容	金　額
商品C	1,500円
商品D	500円
合計	2,000円

このような場合、請求書と納品書をそれぞれ単独でみると適格請求書の記載事項を満たしていませんが、請求書と納品書を合わせてみれば記載事項を満たしているといえます。

このように相互の関連が明確な複数の書類全体で記載事項を満たしていれば、複数の書類（請求書と納品書）を合わせて一つの適格請求書とすることができます（インボイス通達３－１）。

なお、複数の書類がある場合における消費税の端数処理ですが、どの書類に消費税額等を記載するのかによって、端数処理が異なることになります。

前記の例においては、請求書に消費税額等を記載している位置づけのため、請求書上の合計金額である3,000円について消費税等の端数処理を行っていますが、たとえば、納品書単位で消費税額等を記載している場合、消費税額等の端数処理は納品書単位で行います。

請求書の例（請求書上、消費税額の記載なし）

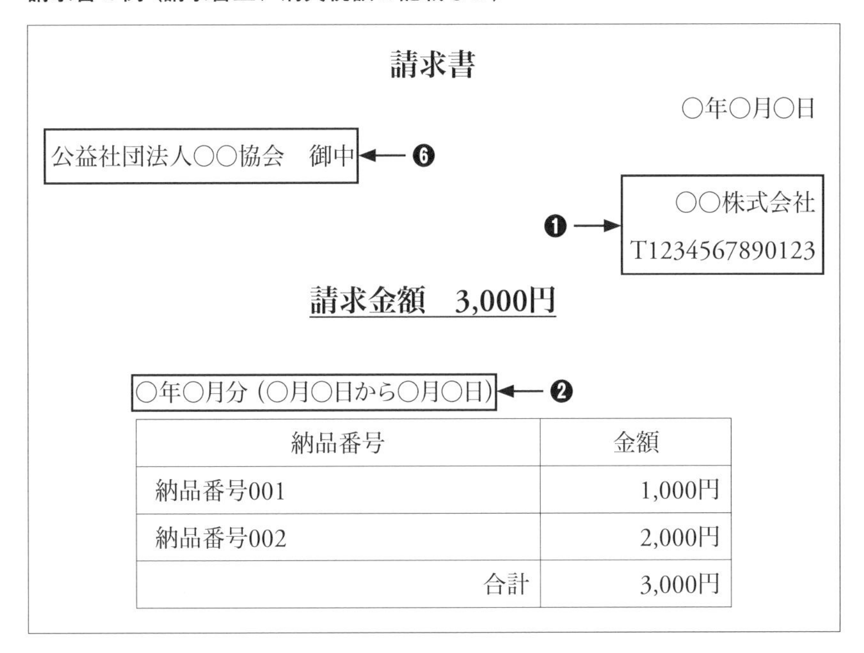

請求書

○年○月○日

公益社団法人○○協会　御中 ←❻

❶→ ○○株式会社
T1234567890123

請求金額　3,000円

○年○月分（○月○日から○月○日）←❷

納品番号	金額
納品番号001	1,000円
納品番号002	2,000円
合計	3,000円

納品書の例（納品書上、消費税額の記載あり）

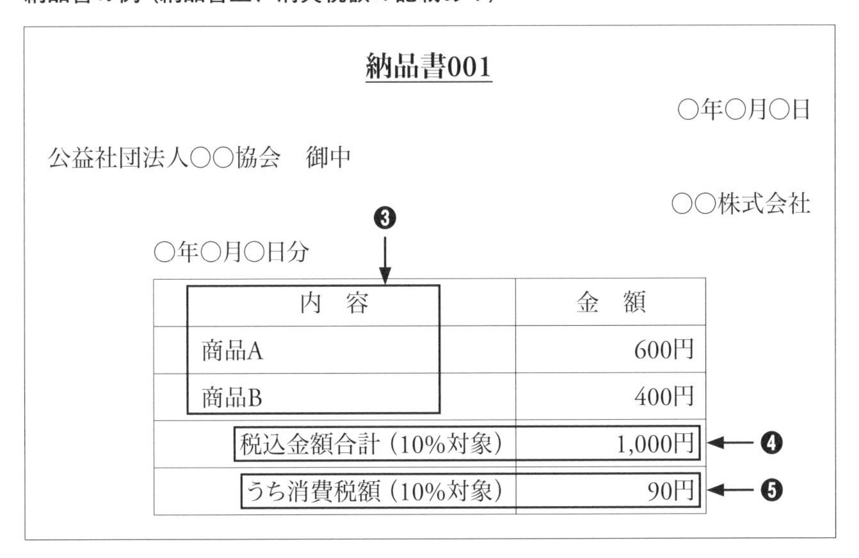

納品書001

○年○月○日

公益社団法人○○協会　御中

○○株式会社

○年○月○日分

❸↓

内　容	金　額
商品A	600円
商品B	400円
税込金額合計（10%対象）	1,000円 ←❹
うち消費税額（10%対象）	90円 ←❺

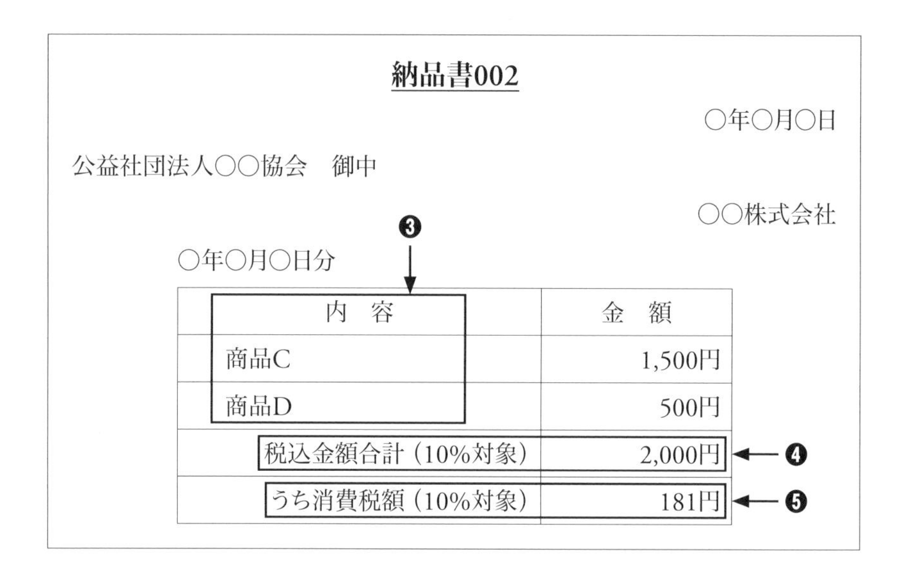

納品書002

○年○月○日

公益社団法人○○協会　御中

○○株式会社

❸

○年○月○日分

内　容	金　額
商品C	1,500円
商品D	500円
税込金額合計（10%対象）	2,000円
うち消費税額（10%対象）	181円

この例の場合、納品書001の消費税額90円と納品書002の消費税額181円の合計は271円となり、請求書合計で消費税額を計算した場合の272円と計算結果が異なります。

複数の書類を一の適格請求書としている場合は、どの単位で消費税額を記載しているのかによって、消費税額が変わる可能性があるため、ご留意ください。

1-10

適格返還請求書

返品や値引きなど、売上を減額する場合のインボイスの扱いについて教えてください。

返品や値引き等の売上げに係る対価の返還等を行う場合は、原則として、適格返還請求書を交付する義務があります（新消法57の４③）。なお、令和５年度税制改正により、売上げに係る対価の返還等が１万円未満の場合については、適格返還請求書の交付義務が免除されました（新消令70の９③二）。

解 説

返金や値引き等によって売上を減額する場合、1 万円未満である場合を除き、減額することについての適格返還請求書を交付する必要があります。適格返還請求書には、次の内容を記載する必要があります。

適格返還請求書の記載事項（新消法57の４③）

①	適格請求書発行事業者の氏名又は名称及び登録番号
②	売上げに係る対価の返還等を行う年月日及びその売上げに係る対価の返還等の基となった課税資産の譲渡等を行った年月日（適格請求書を交付した売上げに係るものについては、課税期間の範囲で一定の期間の記載で差し支えありません。）
③	売上げに係る対価の返還等の基となる課税資産の譲渡等に係る資産又は役務の内容（売上げに係る対価の返還等の基となる課税資産の譲渡等が軽減対象資産の譲渡等である場合には、資産の内容及び軽減対象資産の譲渡等である旨）
④	売上げに係る対価の返還等の税抜価額又は税込価額を税率ごとに区分して合計した金額
⑤	売上げに係る対価の返還等の金額に係る消費税額等又は適用税率

1-11

修正インボイス

適格請求書・適格簡易請求書・適格返還請求書を誤って交付した場合の対応について教えてください。

インボイスを誤って交付した場合、修正したインボイスを交付する必要があります（新消法57の４④⑤）。

解 説

記載事項に誤りのある適格請求書・適格簡易請求書・適格返還請求書を交付した場合、修正した適格請求書・適格簡易請求書・適格返還請求書を交付する必要があります。修正インボイスの交付方法としては、次のような方法が考えられます。

修正インボイスの交付方法（インボイスQ&A《修正した適格請求書の交付方法》）

①	誤りがあった事項を修正し、改めて記載事項のすべてを記載したものを交付する方法
②	当初に交付したものとの関連性を明らかにし、修正した事項を明示したものを交付する方法

なお、修正した適格請求書、適格簡易請求書、適格返還請求書を交付した場合は、当初交付した写しと修正した写しの両方の保存が必要となります。

1-12

インボイスの再交付

売上の相手方から「インボイスを紛失したため、インボイスを再交付してほしい」と求められましたが、インボイスを再交付することは認められるのでしょうか。

インボイスを再交付することは、認められます。なお、再交付する際は、再交付である旨を明記するのが望ましいと考えます。

解 説

インボイス制度開始後は、インボイスがない限り、原則として仕入税額控除ができなくなります。そのため、インボイスを紛失してしまった場合は、仕入税額控除ができなくなってしまうため、売上の相手方から「インボイスを紛失したため、インボイスを再交付してほしい」との要望を受ける可能性があります。

特に、インボイス制度開始後は、「帳簿のみの保存で仕入税額控除が可能な3万円未満の取引」の規定が廃止されるため、相手方がインボイスを紛失してしまった場合、再交付を求められる可能性があります（ただし、令和5年度税制改正により、基準期間における課税売上高が1億円以下又は特定期間における課税売上高が5,000万円以下の事業者については、令和5年10月1日から令和11年9月30日までの期間、1万円未満の課税仕入についてインボイスがなくても仕入税額控除が可能となったため（28年改正法附則53の2、30年改正令附則24の2①）、経過措置期間中の1万円未満の取引の場合は、再交付を求められるケースはそれほど多くないかもしれません）。

消費税法上は、再交付について特に規定がないため、インボイスを再交付することは問題ないと考えます。なお、再交付する際は、再交付である旨を明記するのが望ましいと考えます。

1-13

手書きの領収書

手書きの領収書は、インボイスとして認められますか。

手書きの領収書であっても、インボイスの記載事項を満たしている限り、インボイスとして認められます。

解 説

インボイスの様式は、法令又は通達等で定められていないため、名称や形式を問わず、必要な記載事項が記載されている限り、手書きの領収書であってもインボイスとして認められます（インボイスQ&A《手書きの領収書》）。

1-14

インボイスの写しの保存

インボイスを交付した場合、交付した写しそのものを保存しておく必要があるのでしょうか。

インボイスを交付した場合、その写しを保存しておく必要があります（新消法57の４⑥）。なお、写しの保存に関しては、交付した書類そのものを複写したものに限らず、インボイスの記載事項が記載された一覧表・明細表や、適格簡易請求書に係るレジのジャーナルを保存する形でも問題ありません。

解説

インボイス制度においては、交付したインボイスの写しを、交付した日の属する課税期間の末日の翌日から２月を経過した日から７年間、保存しておく必要があります（新消法57の４⑥、新消令70の13①）。

交付したインボイスの写しに関しては、交付した書類そのものを複写したものに限らず、その適格請求書の記載事項が確認できる程度の記載がされているものでも問題ないとされています。そのため、適格請求書の記載事項が記載されている一覧表や明細表でも問題ありません。また、適格簡易請求書の場合、レジのジャーナルでも問題ありません（インボイスQ&A《適格請求書等の写しの範囲》）。

なお、書面によりインボイスを交付する場合であっても、元は電子データで作成した請求書や領収書を印刷しているケースが多いと思われます。このような場合、書面により交付したインボイスの写しについては、交付したものと同じ内容のものを印刷して紙で保存することもできますが、電帳法上の一定の要件を満たせば、電磁的記録により保存することもできます（電帳法４②）。

書面により交付したインボイスの写しについて、電磁的記録により保存するための要件

①	適格請求書に係る電磁的記録の保存等に併せて、システム関係書類等（システム概要書、システム仕様書、操作説明書、事務処理マニュアル等）の備付けを行うこと（電帳規２②一、③）
②	適格請求書に係る電磁的記録の保存等をする場所に、その電磁的記録の電子計算機処理の用に供することができる電子計算機、プログラム、ディスプレイ及びプリンタ並びにこれらの操作説明書を備え付け、その電磁的記録をディスプレイの画面及び書面に、整然とした形式及び明瞭な状態で、速やかに出力できるようにしておくこと（電帳規２②二、③）
③	国税に関する法律の規定による適格請求書に係る電磁的記録の提示若しくは提出の要求に応じることができるようにしておくこと又は適格請求書に係る電磁的記録について、次の要件を満たす検索機能を確保しておくこと（電帳規２②三、③） ・取引年月日、その他の日付を検索条件として設定できること ・日付に係る記録項目は、その範囲を指定して条件を設定することができること

なお、電子データで作成したインボイスを印刷し、書面により交付した場合において当該インボイスの写しを電磁的記録より保存することと、電子取引によりインボイスを提供した場合において当該電子取引の内容（電子インボイス）を電磁的記録により保存すること（Q１－15参照）は、一見すると同じように思えますが、同じではなく電磁的記録による保存の要件も異なるため、ご留意ください。

書面交付したインボイスの写しの保存と電子取引による電子インボイスの保存

	電子データで作成したものを印刷し、書面により交付した場合	電子データで作成したものを電子取引により提供した場合
保存内容	書面により交付したインボイスの写しを保存します。なお、写しそのものではなく、インボイスの記載事項が記載されている一覧表や明細表の保存も認められています。	提供した電子取引の内容（電子インボイス）を保存します。
保存方法	①出力書面による保存	①出力書面による保存
	②電磁的記録による保存 電磁的記録による保存の場合は、Q1－14の要件を満たす必要があります。	②電磁的記録による保存 電磁的記録による保存の場合は、Q1－15の要件を満たす必要があります。

1-15

電子インボイス

インボイスに関しては、紙ではなく電子データで提供することもできるのでしょうか。

インボイス（適格請求書・適格簡易請求書・適格返還請求書）に関しては、紙ではなく電子データで提供することもできます（新消法57の4⑤)。電子データで提供した場合、当該電子データを保存しておく必要がありますが、その際の保存方法としては、電磁的記録による保存のほか、出力書面による保存も認められています（新消規26の8）。

解説

適格請求書・適格簡易請求書・適格返還請求書は、電子データ(電磁的記録)で提供することもできます（新消法57の4⑤)。たとえば、電子メールで請求書の電子データを提供したり、インターネット上のサイトで請求書の電子データを提供したりすることも可能です（インボイス通達3－2)。

この場合の電子データの記載事項は、適格請求書・適格簡易請求書・適格返還請求書と同じ内容である必要があります。

適格請求書の記載事項と同じ内容の電磁的記録

①	電磁的記録を提供する適格請求書発行事業者の氏名又は名称及び登録番号
②	課税資産の譲渡等を行った年月日
③	課税資産の譲渡等に係る資産又は役務の内容（課税資産の譲渡等が軽減対象資産の譲渡等である場合には、資産の内容及び軽減対象資産の譲渡等である旨)
④	課税資産の譲渡等の税抜価額又は税込価額を税率ごとに区分して合計した金額及び適用税率
⑤	税率ごとに区分した消費税額等
⑥	電磁的記録の提供を受ける事業者の氏名又は名称

なお、電子データを提供した場合、当該内容をその提供した日の属する課税期間の末日の翌日から２月を経過した日から７年間、保存しておく必要があります（新消法57の４⑥、新消令70の13①）。保存の方法としては、電磁的記録による保存のほか、出力書面による保存も認められています（新消規26の８）。

電磁的記録による保存に関しては、たとえば、メールソフト上で保存されているなど、単純にデータとしてどこかに保存されているという状態だけでは、税法上の保存の要件を満たしたことになりません。電磁的記録による保存の場合、次の要件を満たす必要があります。

電磁的記録による保存の要件（新消規26の８① → 電帳規４を準用）

①	次のイから二のいずれかの措置を行うこと イ　適格請求書に係る電磁的記録を提供する前にタイムスタンプを付し、その電磁的記録を提供すること（電帳規４①一） ロ　次に掲げる方法のいずれかにより、タイムスタンプを付すこと（電帳規４①二） ・適格請求書に係る電磁的記録の提供後、速やかにタイムスタンプを付すこと ・適格請求書に係る電磁的記録の提供からタイムスタンプを付すまでの各事務の処理に関する規程を定めている場合において、その業務の処理に係る通常の期間を経過した後、速やかにタイムスタンプを付すこと ※令和５年度税制改正により、電磁的記録の保存を行う者等に関する情報の確認要件は廃止されました。 ハ　適格請求書に係る電磁的記録の記録事項について、次のいずれかの要件を満たす電子計算機処理システムを使用して適格請求書に係る電磁的記録の提供及びその電磁的記録を保存すること（電帳規４①三） ・訂正又は削除を行った場合には、その事実及び内容を確認することができること ・訂正又は削除することができないこと 二　適格請求書に係る電磁的記録の記録事項について正当な理由がない訂正及び削除の防止に関する事務処理の規程を定め、当該規程に沿った運用を行い、当該電磁的記録の保存に併せて当該規程の備付けを行うこと（電帳規４①四）
②	適格請求書に係る電磁的記録の保存等に併せて、システム概要書の備付けを行うこと（電帳規２②一、４①）

③	適格請求書に係る電磁的記録の保存等をする場所に、その電磁的記録の電子計算機処理の用に供することができる電子計算機、プログラム、ディスプレイ及びプリンタ並びにこれらの操作説明書を備え付け、その電磁的記録をディスプレイの画面及び書面に、整然とした形式及び明瞭な状態で、速やかに出力できるようにしておくこと（電帳規２②二、４①）
④	適格請求書に係る電磁的記録について、次の要件を満たす検索機能を確保しておくこと（電帳規２⑥五、４①） ⅰ　取引年月日その他の日付、取引金額及び取引先を検索条件として設定できること ⅱ　日付又は金額に係る記録項目については、その範囲を指定して条件を設定することができること ⅲ　二以上の任意の記録項目を組み合わせて条件を設定できること ※国税に関する法律の規定による電磁的記録の提示又は提出の要求に応じることができるようにしているときはⅱ及びⅲの要件が不要となり、その判定期間に係る基準期間における売上高が5,000万円以下（令和５年度税制改正により1,000万円以下から5,000万円以下に改正）の事業者が国税に関する法律の規定による電磁的記録の提示又は提出の要求に応じることができるようにしているときは検索機能の全てが不要となります。また、令和５年度税制改正により、出力書面（整然とした形式及び明瞭な状態で出力され、取引年月日その他の日付及び取引先ごとに整理されたものに限ります。）及び電磁的記録の提示又は提出の要求に応じることができるようにしているときは検索機能の全てが不要となりました。

※令和５年度税制改正の内容（下線部）については、令和６年１月１日以後の取引に適用されます。

前記のとおり、電磁的記録により保存する方法は簡単ではありません。そのため、保存の方法として、出力書面による保存が選択肢として考えられますが、その際には、法人税における電子取引の保存方法に留意する必要があります。

電子データを提供した場合、消費税と法人税では保存方法が異なります。前記のとおり、消費税においては出力書面による保存が認められていますが、法人税においては、令和３年度税制改正により出力書面による保存が認められなくなりました。

そのため、原則として、法人税においては、令和４年１月１日から電磁的記録による保存が義務づけされることになりました。しかしながら、実際には、電磁的記録による保存に関して、対応が間に合っていない事業者が多数いたため、令和４年度税制改正により、２年間の宥恕措置が設けられ、やむを得ない事情がある場合には、令和５年12月31日までは、出力書面による保存が認められることになりました。

前記の宥恕措置は令和５年12月31日までとなるため、令和６年１月１日からは、法人税において、電磁的記録による保存が必要となりますが、その場合であっても、前記の保存要件に従って保存されていないケースも想定されます。

そのため、令和５年度税制改正により、仮に税法上の保存要件に従って保存することができなかったとしても、そのことについて相当の理由があると認められ、電磁的記録のダウンロードの求め及び当該電磁的記録の出力書面（整然とした形式及び明瞭な状態で出力されたものに限る。）の提示又は提出の求めに応じることができるようにしている場合は、保存要件にかかわらず、電磁的記録の保存をすることができることになりました。

法人税における電子取引の保存

期　間	電子取引の保存
令和３年12月31日まで	出力書面による保存が認められていました。
令和４年１月１日から令和５年12月31日まで	令和３年度税制改正により出力書面による保存が認められなくなりました。しかしながら、令和４年度税制改正によって、２年間の宥恕措置が設けられたため、令和５年12月31日までは、出力書面による保存も可能となりました。
令和６年１月１日以後	宥恕措置期間が終了するため、電磁的記録の保存が必要となります。なお、令和５年度税制改正により、電磁的記録の保存に関して、税法上の保存要件に従って保存することができなかったとしても、相当の理由があると認められ、電磁的記録のダウンロードの求め及び当該電磁的記録の出力書面（整然とした形式及び明瞭な状態で出力されたものに限る。）の提示又は提出の求めに応じることができるようにしている場合は、電磁的記録の保存として認められることになりました。

法人税の申告を行っている場合、たとえ消費税において出力書面による保存が認められていたとしても、法人税において電磁的記録による保存が求められるため、結果として電磁的記録による保存が必要となります。

他方で、非営利団体の場合、法人税法上の収益事業がないため、法人税の申告を行っていない場合もあります。このように法人税の申告を行っていない非営利団体の場合、消費税の保存方法のみで考えることができるため、電磁的記録による保存のほか、出力書面による保存も考えられます。

法人税と消費税における電子取引の保存方法について

	電磁的記録による保存	出力書面による保存
法人税	必要です。なお、令和５年度税制改正により、仮に税法上の保存要件を満たしていない形で電磁的記録を保存していたとしても、相当な理由があると認められる場合、電磁的記録による保存として認められることになりました。	令和３年度税制改正により、令和４年１月１日以後は、原則として認められなくなりましたが、令和４年度税制改正により、令和５年12月31日までは、やむを得ない事情がある場合、認められています（宥恕措置）。
消費税	いずれの方法も認められています。	
判　断	法人税の申告を行っている場合、法人税の観点から、結果として電磁的記録による保存になると考えられます。	法人税の申告を行っていない場合、消費税の保存方法のみで考えることができるため、出力書面による保存も考えられます。

非営利団体における法人税の申告と消費税の申告

非営利団体の場合、法人税法上、収益事業課税になっている法人が大部分です。ここで収益事業課税とは、法人税法上の収益事業についてのみ課税するという課税の方法です。そのため、非営利団体においては、基本的に収益事業がある場合は法人税の申告が必要になりますが、収益事業がない場合は法人税の申告は不要になります。

非営利団体においては、セミナー事業や講習会事業を実施していることが多いですが、その内容が技芸の教授業に該当しない限り、収益事業にはなりません。そのため、一般教養のセミナーや講習会の事業収益しかないような非営利団体の場合、法人税の申告を行っていないようなケースがあります。

また、公益法人の場合、一般法人であれば収益事業になるような事業であったとしても、公益目的事業として実施すれば法人税法上の収益事業から除外されます。そのため、公益目的事業しか実施していない公益法人の場合、通常、法人税の申告を行っていません。

他方で、消費税においては、法人税法上の収益事業か否かは関係ありません。そのため、仮に事業収益が法人税法上の収益事業に該当せず、法人税の申告を行っていない非営利団体であっても、事業収益（課税売上）が多額にあるため、消費税の申告を行っているようなケースがあります。このように非営利団体においては、法人税の申告はないものの、消費税の申告があるケースがあるため、留意が必要です。

電帳法における電子取引の保存

電帳法とは、国税関係の帳簿や書類を電磁的記録で保存するためのルールを定めた法律であり、大きく分けて次の３つの内容が含まれています。

①	電子帳簿等の保存	電子的に作成した帳簿・書類をデータのまま保存
②	スキャナ保存	紙で受領・作成した書類を画像データで保存
③	電子取引	電子的に授受した取引情報をデータで保存

電帳法においては、改ざん防止等の観点から、保存にあたって様々なルールが定められていますが、令和３年度税制改正によって保存のルールが大幅に緩和されました。そのため、従来と比較して電磁的記録で保存しやすくなったといえますが、令和３年度税制改正によって厳しくなったルールもあります。それが、電子取引の電磁的記録による保存です。

従来、電子取引に関して、出力書面による保存が認められていましたが、令和３年度税制改正によって出力書面による保存は認められなくなりました。そのため、令和４年１月１日以後の電子取引については、電帳法の定めた要件を満たした上で電磁的記録により保存する必要があります（ただし、令和５年12月31日までは、宥恕措置により、出力書面による保存が認められています）。

電帳法による電子取引の保存のルールは、法人税と所得税（源泉所得税除く。）に適用されます（電帳法７）。他方で、消費税に関しては、消費税の中で電子取引の保存に関するルールが別途、規定されています。そして、消費税においては、電子取引に関して、電磁的記録による保存のほか、出力書面による保存が認められています（新消規15の５②、26の８②）。

そのため、法人税の申告はないものの、消費税の申告があるような非営利団体の場合、電子取引の保存に関して、消費税の保存方法のみで考えることができるため、出力書面による保存も可能といえます。

1-16

帳簿記載

インボイス制度における帳簿の記載事項について教えてください。

インボイス制度における帳簿の記載事項について、基本的な内容は現行制度と同じですが、特例の適用を受ける場合や、経過措置の適用を受ける場合は、その旨の記載が必要となります。

解 説

仕入税額控除を行うための必要な帳簿の記載事項は、次のとおりです。

帳簿の記載事項（新消法30⑧、新消令49①一、28年改正法附則52①、53①）

①	課税仕入れの相手方の氏名又は名称
②	課税仕入れを行った年月日
③	課税仕入れに係る資産又は役務の内容（課税仕入れが他の者から受けた軽減対象資産の譲渡等に係るものである場合には、資産の内容及び軽減対象資産の譲渡等に係るものである旨）
④	課税仕入れに係る支払対価の額
⑤	帳簿のみの保存で仕入税額控除が認められる特例の適用を受ける場合は、「帳簿記載の特例のいずれかに該当する旨」と「仕入の相手方の住所又は所在地（一定の者を除きます。）」を追記します。
⑥	適格請求書発行事業者以外の者（消費者、免税事業者又は登録を受けていない課税事業者）からの課税仕入について経過措置の適用を受ける場合は、「経過措置の適用を受ける課税仕入れである旨」を追記します。

仕入税額控除を行うための帳簿の記載事項について、①から④の基本的な内容は、現行制度と同じです。

他方で、インボイスがなくても帳簿のみの保存で仕入税額控除が認められる特例の適用を受ける場合（Q4－4参照）や、適格請求書発行事業者以外の者（消費者、免税事業者又は登録を受けていない課税事業者）からの課税仕入について経過措置の適用を受ける場合（Q4－3参照）は、追加の記載事項（⑤⑥）が必要となります。

1-17

適格請求書発行事業者の登録

インボイスを交付するためには、どのような手続を行う必要があるのでしょうか。

適格請求書発行事業者の登録申請手続を行う必要があります。

解説

インボイスを交付するためには、事前に適格請求書発行事業者の登録申請手続を行い、適格請求書発行事業者登録簿に登載される必要があります。

1　登録に必要な手続

登録を行うためには、課税事業者となる必要があります。そのため、免税事業者が登録申請を行うためには、原則として「消費税課税事業者選択届出書」を提出した上で、登録申請手続を行う必要があります。

他方で、登録日が令和５年10月１日から令和11年９月30日までの日の属する課税期間中である場合には、たとえ免税事業者であったとしても、経過措置により「消費税課税事業者選択届出書」を提出することなく、登録申請手続を行うことが可能です。この場合は、登録日から課税事業者になります（28年改正法附則44④、インボイス通達５－１）。

2　登録申請時期

(1) インボイス制度開始と同時に登録する場合

適格請求書発行事業者となるためには、納税地を所轄する税務署長に対して、「適格請求書発行事業者の登録申請書」(以下、「登録申請書」という) を提出する必要があります。そして、登録日をインボイス制度の開始日である令和5年10月1日とするためには、原則として、令和5年3月31日までに、「登録申請書」を提出する必要があります (28年改正法附則44①)。

ただし、特定期間の課税売上高又は給与等支払額の合計額が1,000万円を超えたことにより課税事業者となる場合は、令和5年6月30日が期限となります。

また、上記期限までに「登録申請書」を提出できなかったことにつき困難な事情がある場合に、令和5年9月30日までの間に「登録申請書」にその困難な事情を記載して提出し、税務署長により適格請求書発行事業者の登録を受けたときは、令和5年10月1日に登録を受けたこととみなされます (30年改正令附則15)。「困難な事情」については、その困難の度合いは問わないとされているため (インボイス通達5－2)、実質的には、インボイス制度開始直前まで申請可能といえます。なお、令和5年度税制改正により、「登録申請書」に記載する困難な事情については、運用上、記載がなくても改めて求めないことになりました。

令和５年10月１日を登録日とする場合の登録申請手続の期限

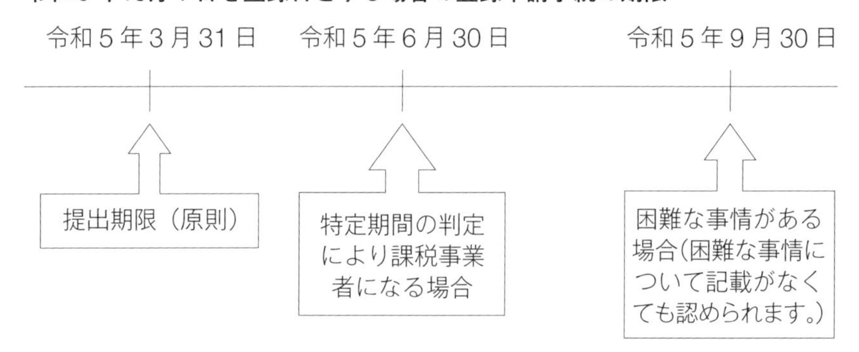

なお、実質的にインボイス制度開始直前まで登録申請が可能であったとしても、できる限り早めに登録申請をした方が望ましいといえます。なぜなら、インボイス制度開始直前に登録申請した場合、登録の審査に時間がかかり、登録通知が令和５年10月１日よりも後になる可能性が出てくるためです。

この場合、令和５年10月１日に登録を受けたものとみなされますが、実際に、登録通知を受けるまではインボイスを交付することはできません。そのため、登録日から登録通知を受けるまでの間の取引については、既に請求書等（インボイスの記載事項を満たしていないもの）を交付していたとしても、登録通知を受けた後に改めてインボイスの記載事項を満たした請求書等を相手方に交付する必要が出てきます。

登録日と登録通知日の関係

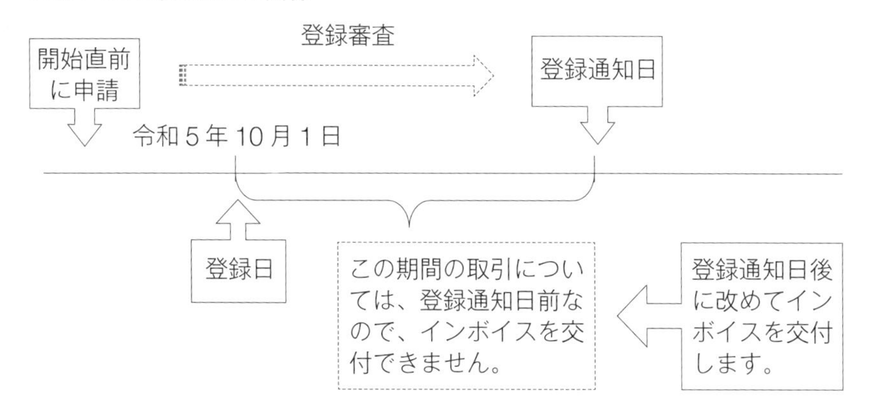

なお、登録番号など不足する事項（既に交付した書類との相互の関連が明確であり、書面等の交付を受ける事業者が適格請求書の記載事項を適正に認識できるもの）を相手方に書面等により通知することで、既に交付した書類と合わせてインボイスの取扱いとすることもできます（インボイス通達２－４、インボイスQ&A《登録日から登録の通知を受けるまでの間の取扱い》）。

(2) インボイス制度開始後に申請する場合

①課税事業者の場合

課税事業者が登録申請する場合、課税期間の途中であっても「登録申請書」を提出し、登録を受けることができます。「登録申請書」を提出して登録を受けた場合、登録の効力は登録日から生じます（インボイスQ&A《課税期間の中途での登録》）。

なお、登録日から登録の効力が生じますが、実際にインボイスを交付できるのは登録通知日以後となるため、登録日から登録通知日前の取引については、登録番号の記載のない請求書等を交付することになります。そのため、登録日から登録通知日前の取引については、登録通知を受けた後に改めて登録番号を記載したインボイスを相手方に交付するか、既に交付した請求書等（登録番号の記載のないもの）に関して不足する事項（登録番号等）を通知することになります。

②免税事業者の場合

（ⅰ）経過措置の適用を受ける場合

令和５年10月１日から令和11年９月30日までの日の属する課税期間中に登録を受ける場合、経過措置により、「消費税課税事業者選択届出書」を提出することなく、「登録申請書」の提出のみで適格請求書発行事業者（課税事業者）になることができます（28年改正法附則44④）。その際、「登録申請書」には、提出する日から15日を経過する日以後の日を登録希望日として記載します（30年改正令附則15②）。

（ⅱ）経過措置の適用を受けない場合

免税事業者が登録申請する場合、まず「消費税課税事業者選択届出書」を提出し、課税事業者になることを選択した上で、登録申請する必要があります。この際、免税事業者が課税事業者となることを選択した課税期間の初日から登録を受けようとする場合は、その課税期間の初日から起算して15日前の日までに、「登録申請書」を提出する必要があります（新消法57の２②、新消令70の２①）。

③新設法人の場合（インボイスQ&A《新たに設立された法人等の登録時期の特例》）

適格請求書発行事業者の登録を受けることができるのは、課税事業者に限られます（新消法57の２①）。

免税事業者である新設法人の場合、事業を開始した日の属する課税期間の末日までに「消費税課税事業者選択届出書」を提出すれば、その事業を開始した日の属する課税期間の初日から課税事業者となることができます（消法９④、消令20一）。

また、新設法人が事業を開始した日の属する課税期間の初日から登録を受けようとする旨を記載した「登録申請書」を、事業を開始した日の属する課税期間の末日までに提出した場合、その課税期間の初日に登録を受けたものとみなされます（新消令70の４、新消規26の４、インボイス通達２－２）。

そのため、免税事業者である新設法人が事業開始（設立）時から、適格請求書発行事業者の登録を受けるためには、事業開始（設立）後、その課税期間の末日までに、「消費税課税事業者選択届出書」と「登録申請書」を併せて提出することが必要となります。

なお、登録日（事業開始日）から登録の効力が生じますが、実際にインボイスを交付できるのは登録通知日以後となるため、登録日（事業開始日）から登録通知日前の取引については、登録番号の記載のない請求書等を交付することになります。そのため、登録日（事業開始日）から登録通知日前の取引については、登録通知を受けた後に改めて登録番号を記載したインボイスを相手方に交付するか、既に交付した請求書等（登録番号の記載のないもの）に関して不足する事項（登録番号等）を通知することになります。

新設法人の場合、事業開始（設立）時の課税期間の末日までに登録手続をすれば、事業開始（設立）日まで遡って登録の効力が生じることになりますが、実務上は、事業開始（設立）日から登録通知を受けるまでの間の取引について、事後的に不足事項の通知などのインボイス対応を行う必要が出てくるため、事業開始（設立）後、速やかに登録手続を行うのが望ましいといえます。

3　登録が拒否される場合

登録が拒否される場合は、納税管理人を定めなければならない事業者が納税管理人の届出をしていない場合や、消費税法の規定に違反して罰金以上の刑に処せられ、その執行が終わり、又は執行を受けることがなくなった日から２年を経過しない者である場合です（新消法57の２⑤）。

各種加算税や延滞税は、罰金以上の刑には含まれないため、仮に税務調査で加算税や延滞税が課されていたとしても、登録が拒否されることはありません。

4　登録申請方法

登録申請方法には、書面で「登録申請書」を提出する方法とe-Taxソフトで登録申請する方法があります。e-Taxソフト（Web版）の場合、画面案内に従って入力する問答形式で「登録申請書」を作成することができ、登録通知も早く受け取ることができます。

登録申請方法

	書　面	e-Tax　（Web版）
申請手続	記載要領や記載例を参考にして作成します。なお、申請書の宛先は、所轄税務署長宛てですが、書類の郵送先は、所轄税務署ではなく、インボイス登録センターのため、ご留意ください。	画面に表示された質問に回答していくことで、自動的に「登録申請書」を作成することができます。
登録通知書	書面通知となります。	書面通知又は電子通知のいずれか選択可能です。 電子通知の場合、書面よりも早く受け取ることができます。

5　登録番号

登録番号の構成は、次のとおりです（インボイス通達２－３）。

登録番号

法人番号を有する課税事業者	T（ローマ字）+法人番号（数字13桁）
個人事業主・人格のない社団等	T（ローマ字）+数字13桁

登録番号の記載例

T 1234567890123
T−1234567890123

6　公表サイト

登録が完了すると、国税庁の「適格請求書発行事業者公表サイト」に公表されます。当該サイトにおいては、「登録番号」を入力すると、登録情報を確認することができます。なお、事業者の氏名又は名称から登録情報を検索することはできません。

公表サイトで確認できる内容（新消法57の2④⑪、新消令70の5①）

①	適格請求書発行事業者の氏名又は名称
②	法人の場合、本店又は主たる事務所の所在地
③	特定国外事業者以外の国外事業者については、国内において行う資産の譲渡等に係る事務所、事業所その他これらに準ずるものの所在地
④	登録番号
⑤	登録年月日
⑥	登録取消年月日、登録失効年月日
⑦	本人の申出に基づき追加で公表できる事項 ・個人事業者の「主たる屋号」、「主たる事務所の所在地等」 ・人格のない社団等の「本店又は主たる事務所の所在地」

なお、適格請求書発行事業者の氏名又は名称、法人の本店所在地などの法定の公表事項に変更があった場合、適格請求書発行事業者は、納税地を所轄する税務署長に「適格請求書発行事業者登録簿の登載事項変更

届出書」を提出する必要があります（新消法57の２⑧）。

適格請求書発行事業者の検索

国税庁の適格請求書発行事業者公表サイトは、登録番号から事業者の情報を検索することができますが、事業者名から登録番号を検索することはできません。

その一方、適格請求書発行事業者公表サイトにおいては、公開情報のデータをダウンロードすることができます。当該ダウンロードのデータには、事業者名（個人を除く。）と登録番号が掲載されているため、当該ダウンロードデータを使えば、事業者名（個人を除く。）から登録番号を検索することができます。しかしながら、当該ダウンロードデータは、膨大なデータなため、複数のファイルに分割されており、単純にデータをダウンロードして、ファイルごとに検索するには、手間がかかります。

他方で、法人の場合は、法人番号を利用して、適格請求書発行事業者として登録されているか否かを確認することができます。なぜなら、適格請求書発行事業者の登録番号は、T+法人番号13桁になっているからです。

まず、国税庁の法人番号公表サイトにおいて、法人名から法人番号を検索します。そして、当該法人番号を適格請求書発行事業者公表サイトで検索することによって当該法人が適格請求書発行事業者として登録されているか否かを確認することができます。

7 登録の効力

登録の効力は、通知の日にかかわらず、適格請求書発行事業者登録簿に登載された日（登録日）から生じます。なお、インボイス制度開始前に登録申請手続を行い、令和５年10月１日よりも前に登録の通知を受けた場合、登録の効力は登録日である令和５年10月１日から生じることになります。

1-18

登録を取り消す場合

適格請求書発行事業者の登録を取り消す場合の手続について教えてください。

翌課税期間の初日から登録を取り消す場合は、翌課税期間の初日から起算して15日前の日までに、「適格請求書発行事業者の登録の取消しを求める旨の届出書」（以下、「登録取消届出書」という）を提出する必要があります。

解説

適格請求書発行事業者は、納税地を所轄する税務署長に「登録取消届出書」を提出することにより、適格請求書発行事業者の登録の効力を失わせることができます（新消法57の2⑩一）。

翌課税期間の初日から登録を取り消す場合は、翌課税期間の初日から起算して15日前の日までに、「登録取消届出書」を提出する必要があります（新消令70の5③）。仮に、「登録取消届出書」の提出に際して、翌課税期間の初日から起算して15日前の日を過ぎてしまった場合、登録取消しが翌々課税期間となってしまいます。

登録に関しては、仮に「登録申請書」の提出時期が遅れたことにより課税期間の初日から適格請求書発行事業者とならない場合であったとしても、課税期間の途中から登録を受けることができるため、提出時期の遅れによる影響は限定的であると考えられます。他方で、登録取消しに関しては、提出時期が遅れると、登録取消しの課税期間が翌々課税期間になってしまい、影響が大きいため、登録取消しに関する提出期限に関しては、特に留意が必要です。

1-19

売上税額と仕入税額の計算方法

インボイス制度における売上税額と仕入税額の計算方法について教えてください。

売上税額と仕入税額の計算方法には、請求書単位の消費税額等を積み上げる「積上げ計算」と税込金額の合計額から消費税額を割り戻す「割戻し計算」があります。

解 説

消費税の税額計算には、積上げ計算と割戻し計算があります。

積上げ計算と割戻し計算

計算方法	内　容
積上げ計算	請求書単位の消費税額等を積み上げて計算します。
割戻し計算	税込金額の合計額から割り戻して消費税額等を計算します。

そして、売上税額と仕入税額の計算方法について、それぞれ次のように選択することができます。

売上税額と仕入税額の計算方法の選択

計算方法	売上税額	仕入税額
積上げ計算	適格請求書発行事業者のみ適用可能な特例計算方法です（新消法45⑤、新消令62①）。	原則的な計算方法です（新消法30①）。 なお、積上げ計算には、「請求書等積上げ計算」（新消令46①）と「帳簿積上げ計算」（新消令46②）の２つの計算方法があります。
割戻し計算	原則的な計算方法です（新消法45①二）。	売上税額を割戻し計算で行った場合のみ適用可能な特例計算方法です（新消令46③）。

売上税額と仕入税額の具体的な計算方法は、次のとおりです。

1　売上税額の計算方法

(1) 積上げ計算（特例）

売上税額を積上げ計算する場合は、次のように計算します（新消法45⑤、新消令62①）。

適格請求書等に記載した消費税額等の合計額	×	78／100	＝	売上税額の合計額

売上税額について、積上げ計算するためには、相手方に交付した適格請求書又は適格簡易請求書の写しを保存している必要があります。そのため、売上税額の積上げ計算は適格請求書発行事業者のみ適用可能であり、適格請求書発行事業者以外の者は適用することはできません。

適格請求書には必ず消費税額等の記載がありますが、適格簡易請求書については、消費税の記載事項に関して「税率ごとに区分した消費税額等又は適用税率」となっているため、必ずしも消費税額等が記載されているとは限りません。そのため、売上税額を積上げ計算で行う場合は、適格簡易請求書であっても消費税額等の記載が必要になります。

また、売上税額を積上げ計算した場合、仕入税額も積上げ計算する必要があります。

売上税額の積上げ計算の留意点

①	適格請求書発行事業者の場合に適用することができます。
②	相手に交付したインボイスの写しを保存している場合に適用することができます。
③	適格簡易請求書に関して積上げ計算を適用する場合、消費税額等の記載が必要になります。
④	売上税額を積上げ計算した場合、仕入税額も積上げ計算する必要があります。

インボイスの写しの保存

売上税額を積上げ計算するためには、交付したインボイスの写しを保存しておく必要がありますが、仮に相手方がインボイスを受け取らずに物理的な交付ができなかったような場合や、交付を求められたとき以外にインボイスを交付していない場合であっても、インボイスの写しを保存しておけば、「交付したインボイスの写しの保存」があるものとして売上税額を積上げ計算することができます（インボイスQ&A《売上税額の積上げ計算における適格請求書の交付の範囲》）。

(2) 割戻し計算（原則）

売上税額を割戻し計算する場合は、次のように計算します（新消法45①二）。

①軽減税率の対象となる売上税額

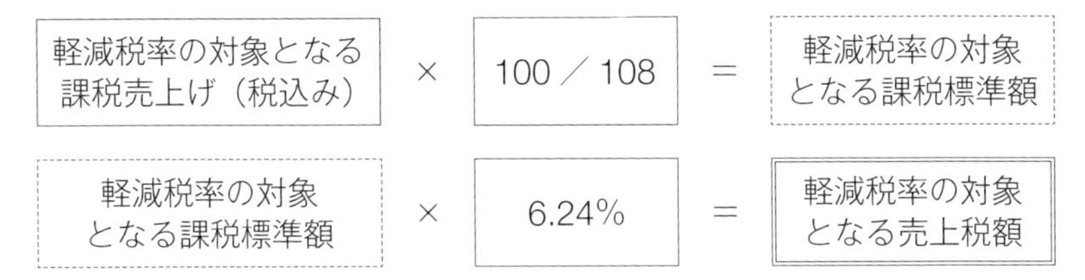

②標準税率の対象となる売上税額

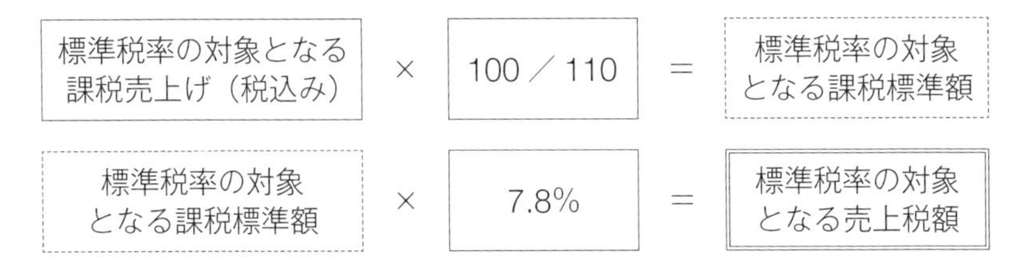

③売上税額の合計額

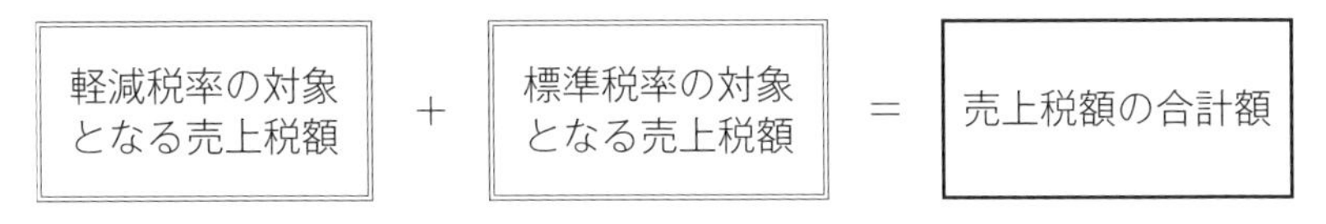

(3) 併用の可否

売上税額の計算に関して、取引先ごとや事業ごとに割戻し計算と積上げ計算を併用することはできます。ただし、売上税額の計算に関して、一部でも積上げ計算を適用した場合、仕入税額について、割戻し計算を適用することはできなくなるため、ご留意ください（インボイス通達3－13）。

2 仕入税額の計算方法

(1) 積上げ計算（原則）

仕入税額の積上げ計算には、請求書等積上げ計算と帳簿積上げ計算があります。原則は、請求書等に記載された消費税額等をもとに積上げ計算する方法（請求書等積上げ計算）ですが（新消令46①）、課税仕入れの都度、端数処理した消費税額等を仮払消費税額等により帳簿に記載している場合は、当該仮払消費税額等をもとに積上げ計算する方法（帳簿積上げ計算）も認められています（新消令46②）。

①請求書等積上げ計算（新消法30①、新消令46①）

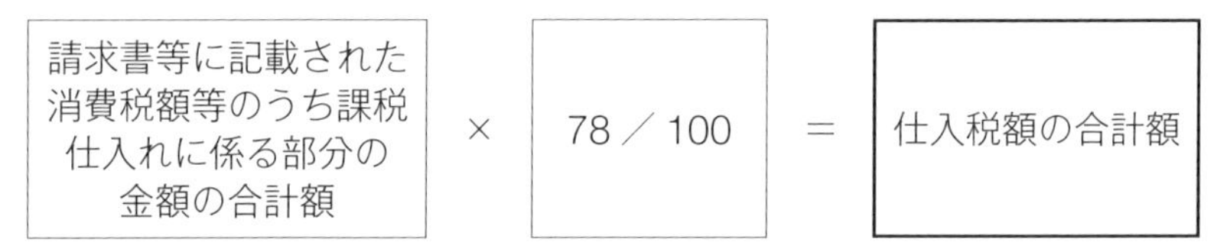

請求書等積上げ計算の場合、請求書等に記載された消費税額等を積上げ計算することになりますが、交付を受けたインボイスが適格簡易請求書の場合は、消費税額等が記載されていないこともあります。このような場合は、適格請求書に消費税額等を記載する際の計算方法と同様の方法により消費税額等を計算することになります（新消令46①二）。

また、公共交通機関特例など、帳簿のみの保存で仕入税額控除が認められるものについては、そもそもインボイスがないため、このような場合は、支払対価の額をもとに消費税額等を計算することになります。なお、この際の端数処理に関しては、切捨て又は四捨五入となっており（新消令46①六）、適格請求書の消費税等の端数処理と違って、切上げは認められていない点にご留意ください。

②帳簿積上げ計算（新消令46②）

課税仕入の都度、課税仕入れに係る支払対価の額 ×10／110（軽減税率の場合は８／108）によって算出した仮払消費税額等の帳簿の記載金額の合計額　×　78／100　＝　仕入税額の合計額

帳簿積上げ計算の場合の仮払消費税額等の算出にあたっての端数処理は、切捨て又は四捨五入となります（新消令46②）。適格請求書の消費税等の端数処理と違って、切上げは認められていない点にご留意ください。

(2) 割戻し計算（特例）

仕入税額を割戻し計算する場合は、次のように計算します（新消令46③）。なお、仕入税額に関して割戻し計算することができるのは、売上税額を割戻し計算する場合に限られます。

①軽減税率の対象となる仕入税額

軽減税率の対象となる課税仕入れ（税込み）　×　6.24／108　＝　軽減税率の対象となる仕入税額

②標準税率の対象となる仕入税額

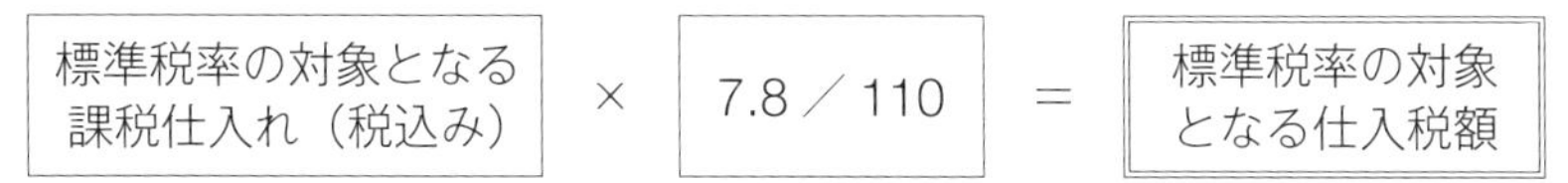

③仕入税額の合計額

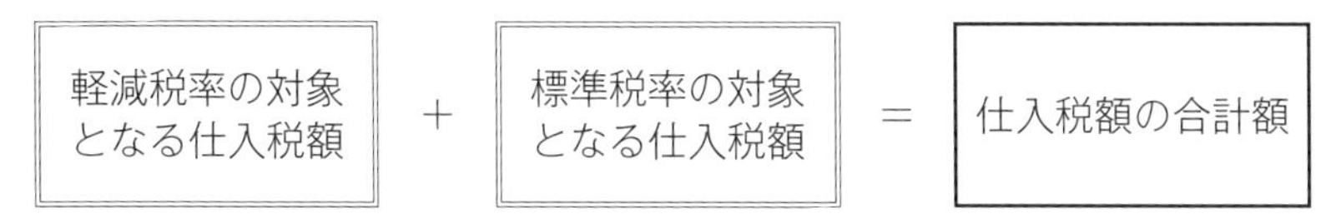

(3) 併用の可否

仕入税額の計算に関して、請求書等積上げ計算と帳簿積上げ計算を併用することはできますが、積上げ計算と割戻し計算を併用することはできないため、ご留意ください（インボイス通達4－3）。

なお、請求書等積上げ計算の場合は、インボイスに記載されている消費税額等を会計システム上、その都度、入力する必要があるため、事務負担が大きいといえます。他方で、帳簿積上げ計算の場合は、課税仕入の金額から仮払消費税額等の金額を計算するため、インボイスに記載されている消費税額等を会計システム上、入力する必要がなく、会計システム上の端数処理を正しく設定しておけば、会計システム上で自動計算できるケースが多いと思われます。そのため、仕入税額を積上げ計算する場合は、帳簿積上げ計算を適用するケースが多いと思われます。

3 税額計算の特徴

積上げ計算と割戻し計算の特徴は、次のとおりです。

積上げ計算と割戻し計算の特徴（端数処理について、切捨てを前提）

	税　額	事務負担
積上げ計算	請求書単位で端数処理しているため、割戻し計算よりも消費税額は小さくなります。	請求書単位で消費税額を積上げ計算するため、システム対応していない限り、事務負担が大きくなります。
割戻し計算	合計額で端数処理しているため、積上げ計算よりも消費税額は大きくなります。	合計額から消費税額を計算するため、事務負担は小さくなります。

上記の特徴の結果、それぞれの税額計算の有利・不利は、次のようになります。

積上げ計算と割戻し計算の有利・不利（端数処理について、切捨てを前提）

	売上税額	仕入税額
積上げ計算	売上税額が小さくなるため有利	仕入税額が小さくなるため不利
割戻し計算	売上税額が大きくなるため不利	仕入税額が大きくなるため有利

最も有利に計算しようとすると、売上税額について積上げ計算し、仕入税額について割戻し計算するということになりますが、そのような組み合わせはできません。なぜなら、仕入税額について割戻し計算するためには、売上税額も割戻し計算しなければならないからです。

すなわち、売上税額について積上げ計算するのであれば、仕入税額についても積上げ計算しなければならない点に留意が必要です。

売上税額と仕入税額の計算方法の関係

<table>
<tr><th>売上税額</th><th>仕入税額</th></tr>
<tr><td>積上げ計算（特例）</td><td rowspan="2">積上げ計算（原則）
（請求書等積上げ計算と帳簿積上げ計算を併用することはできますが、事務負担の観点からは、帳簿積上げ計算のみを適用するケースが多いと思われます。）</td></tr>
<tr><td>積上げ計算と割戻し計算の併用
（売上税額を一部でも積上げ計算した場合、仕入税額も積上げ計算する必要があります。）</td></tr>
<tr><td rowspan="2">割戻し計算（原則）</td><td>積上げ計算（原則）
（売上税額を割戻し計算して仕入税額を積上げ計算する組み合わせは、メリットがあまりないため、適用するケースは少ないと思われます。）</td></tr>
<tr><td>割戻し計算（特例）</td></tr>
</table>

1-20

小規模事業者の負担軽減措置（２割特例）

令和５年度税制改正によって導入された小規模事業者の負担軽減措置（２割特例）について教えてください。

本来であれば免税事業者となるような小規模事業者が、適格請求書発行事業者になるために課税事業者になっている場合、令和５年10月１日から令和８年９月30日までの日の属する課税期間まで、業種にかかわらず、消費税の納税額を売上税額の２割とすることができます（２割特例）。

解 説

1　２割特例の概要

基準期間における課税売上高が1,000万円以下である小規模事業者の場合、適格請求書発行事業者を選択しなければ免税事業者となります。このような小規模事業者が、適格請求書発行事業者となるために課税事業者になっている場合、消費税の負担軽減の観点から、令和５年度税制改正により、消費税の納税額を売上税額の２割とする経過措置が設けられることになりました（28年改正法附則51の２）。

2　対象

当該特例は、適格請求書発行事業者の登録をしなければ課税事業者にならなかった者が対象となります。そのため、基準期間における課税売上高が1,000万円を超えるような事業者など、もともと免税事業者にならない事業者は対象とはなりません（28年改正法附則51の２①）。

2割特例の対象

①	免税事業者が適格請求書発行事業者となったこと
②	課税事業者選択届出書を提出したことにより事業者免税点制度の適用を受けられないこと

なお、当該特例は、小規模事業者における事務負担の軽減という観点もあるため、課税期間の短縮の対応が可能な事務処理能力を有する事業者は当該特例の対象とはなりません。そのため、課税期間の特例の適用を受ける課税期間について、当該特例は適用されません（28年改正法附則51の２①四）。

また、令和５年10月１日前から課税事業者選択届出書の提出により引き続き事業者免税点制度の適用を受けられないこととなる同日の属する課税期間について、当該特例は適用されません（28年改正法附則51の２①一）。なぜなら、令和５年10月１日前から課税事業者選択届出書の提出により引き続き事業者免税点の適用を受けられないこととなる同日の属する課税期間について、当該特例を認めてしまうと、令和５年10月１日前後の課税期間の取扱いに関して制度が複雑になるからです（翌課税期間については、基準期間における課税売上高が1,000万円を超える等の事情がない場合、当該特例を適用することができます）。

他方で、令和５年度税制改正によって２割特例が設けられることにより、既に課税事業者選択届出書を提出している事業者が、課税事業者選択の判断を変更するようなケースも考えられます。そのため、課税事業者選択届出書を提出したことにより令和５年10月１日の属する課税期間から事業者免税点制度の適用を受けられないこととなる適格請求書発行事業者が、当該課税期間中に課税事業者選択不適用届出書を提出したときは、当該課税期間からその課税事業者選択届出書の効力を失う措置が講じられています（28年改正法附則51の２⑤）。この手続を行えば、当初、課税事業者選択届出書を提出していたとしても、その効力を失うことになるため、令和５年10月１日の属する課税期間から２割特例を適用することができます。

3　適用対象期間

当該特例は、令和５年10月１日から令和８年９月30日までの日の属する各課税期間において適用することができます（28年改正法附則51の２①）。

4　計算方法

当該特例は、業種にかかわらず売上税額の２割で計算することができるため、業種別の売上区分が必要となる簡易課税よりも、さらに簡便的な計算方法といえます。具体的には、すべての売上に関して、簡易課税の「みなし仕入率」８割で計算する方法と同じ計算方法となります（28年改正法附則51の２②）。

5　計算方法の選択適用

当該特例の適用にあたって、事前の届出は不要であり、申告時に選択適用することができます。簡易課税のように２年間継続適用のような縛りはなく、課税期間ごとに選択することができます。なお、２割特例を適用する場合は、確定申告書にその旨を付記します（28年改正法附則51の２③）。

２割特例で消費税を計算する場合、原則課税や簡易課税で計算するよりも納税額が少なくなるケースも出てくると思われるため、実際に納税額を計算する際は、２割特例を適用するのが有利なのか否かを検討した上で選択することになると考えられます。

原則課税・簡易課税と２割特例について

事前選択	申告時の選択
原則課税	原則課税と２割特例のいずれか有利な方を選択します。
簡易課税	簡易課税と２割特例のいずれか有利な方を選択します。

6　簡易課税制度の選択

本来、簡易課税制度を適用するためには、適用を受ける課税期間の初日の前日までに届出書を提出する必要がありますが、２割特例の適用を受けるような小規模事業者は、消費税の選択届出手続に慣れていない可能性があります。そのため、２割特例の適用を受けていた小規模事業者が、２割特例が終わってしまった翌課税期間から簡易課税を選択しようとする場合、課税期間の初日の前日までの届出書の提出を失念してしまう可能性が考えられます。

そのため、２割特例から簡易課税制度への移行を円滑に行う観点から、２割特例の適用を受けた適格請求書発行事業者が、当該適用を受けた課税期間の翌課税期間中に、簡易課税制度の適用を受ける旨の届出書を納税地の所轄する税務署長に提出したときは、その提出した日の属する課税期間から簡易課税制度の適用が認められます（28年改正法附則51の２⑥）。

第2章
免税事業者の対応

インボイス制度は、課税事業者のみならず免税事業者にも影響がある制度といわれています。そのため、第２章では、現在、免税事業者である非営利団体を前提として、適格請求書発行事業者（インボイスを交付できる事業者）になるべきか否かを検討するにあたり、どのような点がポイントとなるのか解説します。また、免税事業者が適格請求書発行事業者となる場合の留意点についても併せて解説します。

2-1

免税事業者の判断

現在、本会は免税事業者ですが、適格請求書発行事業者（インボイスを交付できる事業者）になるべきか否かは、どのように判断すればよいのでしょうか。

事業収益（売上）の有無や事業収益（売上）の相手方によって、適格請求書発行事業者（インボイスを交付できる事業者）になるべきか否かを判断します。

解説

インボイス制度が開始すると、事業収益（売上）の相手方は、非営利団体が交付するインボイスがなければ、非営利団体に支払った経費に関して仕入税額控除が制限されることになります。

インボイスを交付するためには適格請求書発行事業者になる必要がありますが、適格請求書発行事業者になると免税事業者ではなくなります。そのため、現在、免税事業者である非営利団体にとっては、課税事業者に変更してまでインボイスの交付をする必要があるのか否かという点が重要となります。

インボイス制度は、事業収益（売上）の相手方の消費税計算に影響を与える制度であるため、適格請求書発行事業者になるべきか否かは、事業収益（売上）の有無やその相手方によって判断することになります。

具体的な検討を行うにあたっては、次のフローチャートをご参照ください。

免税事業者が適格請求書発行事業者になるべきか否かの判断（参考）

事業収益（売上）があるか否か（Q2－2 参照）

→ 事業収益（売上）なし → 免税事業者として継続します

事業収益（売上）あり

事業収益（売上）の相手方はインボイスを必要としている事業者か（Q2－3、Q2－4、Q2－6、Q2－7、Q2－8 参照）

→ 一般消費者、免税事業者、簡易課税の事業者のみ → 免税事業者として継続します

原則課税の事業者が含まれる（または不明）

「免税事業者として継続した場合における事業収益（売上）の減収の影響」（Q2－5、Q2－6、Q2－7 参照）と「課税事業者になることによる税負担等の影響」（Q2－9 参照）のいずれの影響が大きいか

→ 課税事業者になることによる税負担等の影響の方が大きい → 免税事業者として継続します

免税事業者として継続した場合における事業収益（売上）の減収の影響の方が大きい

適格請求書発行事業者になります

免税事業者として継続します

2-2

免税事業者の判断（会費収入・寄付金収入・財産運用益を財源としている場合）

本会は、会費収入や寄付金収入、財産運用益を財源に活動している非営利団体（免税事業者）ですが、適格請求書発行事業者（インボイスを交付できる事業者）になるべきでしょうか。

会費収入（不課税取引）や寄付金収入、財産運用益を財源に活動している非営利団体の場合、適格請求書発行事業者になる必要はありません。

解説

インボイス制度は免税事業者にも影響を及ぼす制度といわれていますが、すべての免税事業者に関係してくるわけではありません。インボイス制度が関係してくる可能性があるのは、事業収益（売上）があるような免税事業者です。なぜなら、インボイス制度は、事業収益（売上）の相手方の消費税計算に影響を及ぼす制度であるからです。

消費税法上、不課税取引又は非課税取引となる会費収入、寄付金収入、財産運用益を財源に活動している非営利団体の場合、事業収益（売上）がないため、インボイスは関係ありません。そのため、このような非営利団体の場合、適格請求書発行事業者になる必要はありません。

なお、会費収入であっても、課税取引となるような会費収入の場合（たとえば、セミナーの参加費を会費名目で徴収するような場合）は、事業収益（売上）の相手方がインボイスを必要としている事業者か否かで、適格請求書発行事業者になるべきか否かを判断することになるため、ご留意ください（会費収入とインボイスに関しては、**Q３－３**をご参照ください）。

2-3

免税事業者の判断（一般消費者を対象とした事業収益がある場合）

本会は、一般消費者（個人）を対象とした事業収益（売上）のある非営利団体ですが、適格請求書発行事業者（インボイスを交付できる事業者）になるべきでしょうか。なお、現在、本会は免税事業者です。

事業収益（売上）の相手方が一般消費者（個人）であるような非営利団体の場合、適格請求書発行事業者になる必要はありません。

解説

事業収益（売上）があったとしても、インボイスが関係してくるとは限りません。一般消費者を対象とした事業収益（売上）の場合、そもそも相手方である一般消費者（個人）は、消費税の申告を行うわけではありません。そのため、このような場合は、インボイスが必要ないため、適格請求書発行事業者になる必要はありません。

たとえば、個人の趣味を対象としたような事業を行っている非営利団体の場合、事業収益（売上）の相手方は一般消費者（個人）である可能性が高いと考えられるため、インボイスは必要ない可能性が高いと考えられます。

他方で、個人を対象とした事業であっても、事業の内容によっては、一般消費者の立場なのか、個人事業主の立場なのかわからないようなケースもあると思われます。

なお、事業収益（売上）の相手方に個人事業主が含まれていたとしても、相手方がインボイスを必要としているとは限りません。個人事業主のように小規模と思われる事業者に対して事業収益（売上）があるような場合については、Q2－4をご参照ください。

2-4

免税事業者の判断（小規模と思われる事業者を対象とした事業収益（売上）がある場合）

本会はセミナー事業を行っていますが、当該セミナーに参加しているのは、主として個人事業主や中小企業等です。このように小規模と思われる事業者を対象とした事業収益（売上）がある場合、適格請求書発行事業者（インボイスを交付できる事業者）になるべきでしょうか。なお、現在、本会は免税事業者です。

事業収益（売上）の相手方が事業者の場合、インボイスの有無が相手方の消費税計算に影響を与える可能性がありますが、相手方が事業者であったとしても小規模と思われる事業者の場合、免税事業者や簡易課税の事業者、2割特例の適用事業者の可能性があります。そのため、事業収益（売上）の相手方が小規模と思われる事業者の場合、適格請求書発行事業者にはならないという選択肢もあると考えます。

解説

事業収益（売上）の相手方が仮に事業者であったとしても、その相手方が小規模と思われる事業者の場合、その相手方が免税事業者や簡易課税の事業者、2割特例の適用事業者の可能性があります。その場合、相手方にとって、インボイスの有無は関係ありません。

なぜなら、相手方が仮に免税事業者の場合、そもそも相手方が消費税の申告を行っていないからです。また、相手方が仮に簡易課税の事業者や2割特例の適用事業者の場合、相手方は、みなし仕入率にもとづいて仕入税額控除の計算をするため、インボイスの有無は関係ありません。

そのため、事業収益（売上）の相手方が小規模と思われる事業者の場合、インボイスを必要としているとは限らないため、適格請求書発行事業者にはならないという選択肢もあると考えます。

その一方で、個人事業主や中小企業等であっても、事業規模が小規模とは限らず、原則課税で消費税計算を行っている可能性もあります。また、小規模な事業者であったとしても、消費税の有利・不利の観点から、原則課税で消費税計算を行っている可能性もあります。そのため、個人事業主や中小企業等を対象としていた事業収益（売上）であったとしても、インボイスが関係ないとは限りません。

事業収益（売上）の相手方が、インボイスの交付を求めてくるか否かは、相手方が原則課税で消費税計算を行っているか否かによるため、不特定多数を対象として事業を行っているような場合、あらかじめ見通すのは難しいと考えられます。

仮に、事業収益（売上）の相手方にインボイスの交付が必要な事業者（原則課税の事業者）が含まれている可能性がある場合、インボイスを交付できないことによる事業収益（売上）への悪影響が、どの程度生じる可能性があるのかという点が重要な点となります（**Q2－5**参照）。

2-5

免税事業者の判断（事業収益の単価が少額な場合）

本会の事業収益（売上）は、出版物の販売や講習会の受講料がメインであり、いずれも単価としては数千円と少額ですが、適格請求書発行事業者（インボイスを交付できる事業者）になるべきでしょうか。なお、現在、本会は免税事業者です。

単価が少額な取引の場合、仮に免税事業者を継続したとしても、一取引あたりの影響額は少額であるため、適格請求書発行事業者とならずに免税事業者のまま継続するという選択肢もあると考えます。

解説

一般的に、インボイス制度において免税事業者である場合、売上の相手方の仕入税額控除が制限される可能性があるため、取引価格の引き下げや取引関係の見直しなどの影響があるといわれますが、必ずしもすべてのケースにおいて、そのような影響が生じるわけではありません。

非営利団体の事業収益（売上）の代表的なものとして、出版物の販売収益や講習会の受講料収益等が挙げられますが、単価としては少額であり、消費税の影響額も少額なケースが多いです。

たとえば、講習会の受講料が2,000円であった場合、消費税額としては、2,000円×10／110＝181円です。このような場合、事業収益（売上）の相手方において仕入税額控除が制限される可能性のある影響額は、次のとおりです。

2,000円に対して、仕入税額控除が制限される可能性のある影響額

期　間	仕入税額控除が制限される可能性のある影響額
令和５年10月１日から 令和８年９月30日まで	2,000円×10／110×（100%−80%）=36円
令和８年10月１日から 令和11年９月30日まで	2,000円×10／110×（100%−50%）=90円
令和11年10月１日以後	2,000円×10／110=181円

なお、上記の金額は、仕入税額控除が制限される可能性のある影響額であるため、必ずしも受講料を支払った相手方が上記の金額だけ不利になるとは限りません。

たとえば、相手方が免税事業者や簡易課税の事業者、２割特例の適用事業者であれば、そもそもインボイスは関係ありません。また、令和５年度税制改正により、基準期間における課税売上高が１億円以下又は特定期間における課税売上高が5,000万円以下である事業者については、令和５年10月１日から令和11年９月30日までの期間、１万円未満の課税仕入についてインボイスがなくても仕入税額控除が可能となったため（28年改正法附則53の２、30年改正令附則24の２①）、１万円未満の取引であればインボイスを求められない可能性もあります。

仮に、相手方がインボイスを必要としている原則課税の事業者の場合であっても、相手方の課税売上割合等の比率によっては、上記の金額よりも影響額が小さくなる場合もあります（相手方の仕入税額控除の計算上、課税売上割合や調整割合を乗じて計算するようなケースの場合、上記の影響額よりも小さくなります）。

このように、もともとの単価が少額な場合、仕入税額控除が制限される影響額も少額といえます。

もちろん、影響額が少額であったとしても、同じサービスを別の事業者から代替的に受けられるのであれば、支払う側としてはインボイスを交付できる事業者へ切り替えようという動きが出てくるかもしれません。

しかしながら、非営利団体が行う事業に関しては、営利事業者の取引と違って取引の代替性があまりないのが一般的です。

そのため、「この非営利団体でしか購入できないような出版物」や「この非営利団体でしか受講できないような講習会」の場合、単純に「インボイスの交付が受けられないことをもって、出版物の購入や講習会の受講をやめよう」という判断にはならないと思われます。

このように、もともと単価が少額な場合は、インボイスの有無による影響額も少額であるため、私見ですが、仮に免税事業者を継続したとしても、そのことをもって、必ずしも事業収益（売上）の減収につながるとは限らないと考えます。

そのため、単価が少額な取引しか行っていないような非営利団体においては、適格請求書発行事業者とならずに免税事業者のまま継続するという選択肢もあると考えます。また、インボイス制度の開始と同時に適格請求書発行事業者になるのではなく、しばらく様子を見た上で適格請求書発行事業者になるべきか否かを判断するという対応もあると考えます。

2-6

免税事業者の判断（営利事業者と継続的な取引がある場合）

本会は、民間の営利企業から請負契約を継続的に受託していますが、適格請求書発行事業者（インボイスを交付できる事業者）になるべきでしょうか。なお、現在、本会は免税事業者です。

継続的な取引の場合、可能であれば、相手方が原則課税の事業者か否か（インボイスを必要としているか否か）を確認の上、適格請求書発行事業者になるべきか否かを判断するのが望ましいと考えます。なお、相手方が原則課税の事業者である場合であっても、状況次第では、免税事業者として継続するという選択肢もあると考えます。

解 説

非営利団体において、民間の営利企業から請負契約を継続的に受託するようなケースがあります。このような場合、相手方である民間の営利企業が免税事業者や簡易課税の事業者であれば、インボイスは不要であるため、非営利団体において適格請求書発行事業者になる必要はありません。他方で、相手方である民間の営利企業が原則課税の事業者であれば、インボイスが必要となるため、適格請求書発行事業者になるという選択肢が出てきます。

不特定多数を対象としたような事業収益（売上）の場合、相手方が免税事業者か簡易課税の事業者か確認することは困難であると思われますが、継続的な取引の場合、相手方に対して原則課税の事業者か否か（インボイスを必要としているか否か）を確認できるようなケースもあると思われます。そのため、可能であれば、事前に相手方に対して、インボイスの要否を確認し、その上で適格請求書発行事業者になるべきか否かを判断するのが望ましいと考えます。

なお、相手方が原則課税の事業者であるからといって、適格請求書発行事業者となるのが必須というわけではありません。たとえば、免税事業者を継続する代わりに、取引価格を見直すという選択肢もあると考えます。

そのため、相手方が原則課税の事業者の場合は、適格請求書発行事業者（課税事業者）になることで発生する税負担等と、免税事業者を継続することで発生する取引価格の引き下げ（減収）の影響を比較検討して、適格請求書発行事業者になるべきか否かを検討することになります。

相手方の消費税の扱いと非営利団体の対応及びインボイス制度の影響

<table>
<tr><th>相手方</th><th>非営利団体の対応</th><th>インボイス制度の影響</th></tr>
<tr><td>免税事業者</td><td rowspan="2">相手方はインボイスが不要であるため、免税事業者を継続します。</td><td rowspan="2">相手方はインボイスが不要であるため、取引価格の引き下げ（減収）はなく、免税事業者のため、納税もありません。</td></tr>
<tr><td>簡易課税の事業者</td></tr>
<tr><td rowspan="2">原則課税の事業者
（インボイス制度の影響を比較検討の上、いずれの対応とすべきか、判断することになります）</td><td>インボイスを交付するため、適格請求書発行事業者になります。この場合、課税事業者となります。</td><td>インボイスを交付するため取引価格の引き下げ（減収）がない一方、課税事業者となるため税負担等が発生します。税負担等については、Q2－9をご参照ください。</td></tr>
<tr><td>免税事業者として継続します。この場合、インボイスを交付できません。</td><td>免税事業者として継続するため税負担等が発生しない一方、インボイスを交付できないため取引価格の引き下げ（減収）の可能性があります。</td></tr>
</table>

免税事業者と取引価格の引き下げ

免税事業者として継続した場合、支払い側の仕入税額控除が制限されるため、取引価格が引き下げられるという議論がありますが、一方的に消費税相当額について引き下げられるわけではありません。なぜなら、独占禁止法や下請法等によって、一方的な引き下げ交渉は禁止されているからです。特に、令和５年10月１日から令和11年９月30日までは、経過措置により免税事業者からの課税仕入について一定割合の仕入税額控除が認められているため、インボイス制度開始と同時に消費税相当額について、仕入税額控除が制限されるわけではありません。そのため、仮に、取引価格が引き下げられる場合であっても、インボイス制度開始と同時に、消費税相当額について引き下げられることはないと考えます。

取引条件の見直しに関しては、「免税事業者及びその取引先のインボイス制度への対応に関するQ&A」が公正取引委員会のホームページで公表されています。当該Q&Aは、支払い側が免税事業者に対して取引価格を引き下げ交渉する際の留意点等をまとめたものですが、一方的な引き下げ交渉を受けないために、引き下げ要求を受ける側の免税事業者においても、当該内容を理解しておくことは重要です。**Q４－２**に当該Q&Aの一部抜粋を掲載していますので、ご参照ください。

取引価格の引き下げ（減収）の影響と税負担の影響

消費税は、単純に売上の消費税額を納税するのではなく、仕入の消費税額を控除（仕入税額控除）して計算します。そのため、一般的には、仕入税額控除があるため、免税事業者として継続することによる取引価格の引き下げ（減収）の影響よりも、免税事業者から課税事業者になることによる税負担の影響の方が小さくなるようなケースが多く、免税事業者から課税事業者に転換した方が、マイナス影響が小さいといわれることがあります。

なお、免税事業者として継続した場合に取引価格の引き下げ（減収）の影響が生じるのは、全体の課税売上のうち、原則課税の事業者に対する課税売上の部分のみです。他方で、免税事業者から課税事業者になることによる税負担の影響は、すべての課税売上から生じます。

非営利団体の場合、一般消費者や免税事業者・簡易課税の事業者などインボイスを必要としない相手方に対する売上が主な売上で、原則課税の事業者に対する売上が全体の一部にすぎず、原則課税の事業者に対する取引価格の引き下げ（減収）の影響が小さい場合もあります。

そのため、取引価格の引き下げ（減収）の影響と税負担の影響を比較検討するにあたっては、原則課税の事業者に対する取引にだけ着目して影響を試算するのではなく、すべての課税売上をもとに税負担の影響を試算することが重要といえます。

なお、令和５年度税制改正により、免税事業者が課税事業者を選択した場合、令和５年10月１日から令和８年９月30日までの日の属する課税期間において、業種にかかわらず、消費税の納税額を売上税額の２割とする経過措置が導入されることになりました（「２割特例」については、**Q１－20**をご参照ください）。その結果、取引価格の引き下げ（減収）の影響と税負担の影響を比較検討する際、税負担の影響が大幅に軽減することになったため、従前と比べて、適格請求書発行事業者（課税事業者）になるハードルが低くなったといえます。

2-7

免税事業者の判断（非営利団体と継続的な取引がある場合）

本会は、他の非営利団体に事務所の一部を賃貸しており、他の非営利団体に対して家賃収入がありますが、適格請求書発行事業者（インボイスを交付できる事業者）になるべきでしょうか。なお、現在、本会は免税事業者です。

事業収益（売上）の相手方が非営利団体の場合、免税事業者や簡易課税の事業者、2割特例の適用事業者である可能性もあります。そのため、可能であれば、相手方が原則課税の事業者か否か（インボイスを必要としているか否か）を確認の上、適格請求書発行事業者になるべきか否かを判断するのが望ましいと考えます。なお、相手方が原則課税の事業者である場合であっても、状況次第では、免税事業者として継続するという選択肢もあると考えます。

解説

非営利団体においては、事務所の一部を他の非営利団体に賃貸しているようなケースがよくあります。

非営利団体の場合、会費収入や寄付金収入、財産運用益を主な財源として運営しており、免税事業者や簡易課税の事業者、2割特例の適用事業者である非営利団体も少なくありません。そのため、賃貸先である他の非営利団体が免税事業者や簡易課税の事業者、2割特例の適用事業者であれば、相手方においてインボイスが不要であるため、家賃収入に対してインボイスの交付が求められるようなことはありません。

不特定多数を対象とした事業収益（売上）の場合、相手方が免税事業者か簡易課税の事業者か確認することは困難であると思われますが、賃貸契約等のような継続的な取引の場合、相手方に対して原則課税の事業者か否か（インボイスを必要としているか否か）を確認できるようなケースもあると思われます。そのため、可能であれば、事前に賃貸先の他の非営利団体に対して、インボイスの要否を確認し、その上で適格請求書発行事業者になるべきか否かを判断するのが望ましいと考えます。

なお、相手方が原則課税の事業者の場合、免税事業者として継続すると、**Q2－6**に記載のとおり、取引価格の引き下げ（減収）の可能性が生じますが、非営利団体同士の取引は営利事業者との取引と必ずしも同じではないと考えます。

非営利団体が、他の非営利団体に事務所の一部を賃貸している場合、まったく関係のない団体に賃貸しているというよりも、類似の関連団体など、つながりのある非営利団体に賃貸しているようなケースがよくあります。そのため、私見ですが、つながりのある非営利団体の場合、営利事業者との価格交渉ほどシビアな価格交渉になるとは限らないため、価格交渉次第では、免税事業者として継続する選択肢もあると考えます。

2-8

免税事業者の判断（国・地方公共団体等からの受託事業がある場合）

本会は、国・地方公共団体等から実費弁償契約にもとづく受託事業を請け負っている非営利団体ですが、適格請求書発行事業者（インボイスを交付できる事業者）になるべきでしょうか。なお、現在、本会は免税事業者です。

国・地方公共団体等の実費弁償契約にもとづく受託事業に関しては、私見ですが、仮に免税事業者であったとしても、従来どおりの契約になる可能性もあると考えます。そのため、可能であれば、委託者である国・地方公共団体等に対し、インボイスの有無によって契約条件が変わる可能性があるのか否かを確認した上で、適格請求書発行事業者になるべきか否かを判断するのが望ましいと考えます。

解説

非営利団体が国・地方公共団体等から受託事業を請け負うことはよくあります。そして、このような国・地方公共団体等からの受託事業に関しては、実費弁償契約であるケースが多いです。

民間の営利事業者が委託費を支払う場合、その委託費に関してインボイスが交付されるか否かという点は重要であるため、インボイスの有無によって取引条件が見直されるということはあり得ることだと思われます。

他方で、国・地方公共団体等からの実費弁償契約にもとづく受託事業（国・地方公共団体等にとっては、委託費の支払い）に関して、インボイスの有無によって取引条件が見直されるかどうかという点は、必ずしも民間の営利事業者の場合と同じとは限りません。

実費弁償契約とは、委託した事業について、かかった実費相当額を支払うという契約です。たとえば、事業費として1,100,000円（消費税相当額100,000円）かかった場合、実費弁償契約の請負金は、かかった実費相当額の1,100,000円となります。仮に、非営利団体が免税事業者であることをもって、消費税相当額である100,000円が請負金から引き下げられてしまった場合、事業費である1,100,000円の実費をカバーすることができなくなります。

国・地方公共団体等の実費弁償契約は、「かかった経費について支払う」という補助金の性格に近い契約であると考えられます。そのため、私見ですが、仮に、受託者である非営利団体が免税事業者であり、インボイスの交付を行うことができなかったとしても、従来どおりの実費弁償契約になる可能性もあると考えます。

よって、可能であれば、委託者である国・地方公共団体等に対し、インボイスの有無によって契約条件が変わる可能性があるのか否かを確認し、その上で適格請求書発行事業者になるべきか否かを判断するのが望ましいと考えます。

国・地方公共団体と消費税

消費税は、国・地方公共団体も対象となるため、国・地方公共団体も消費税の申告を行っています。国・地方公共団体には一般会計と特別会計がありますが、消費税に関して、一般会計は申告義務がなく、特別会計は申告義務があります。そのため、国・地方公共団体の消費税の観点からは、一般会計から支出されているのか、特別会計から支出されているのかという点が重要となります。

一般会計から支出された委託費（非営利団体にとっての受託事業）の場合、国・地方公共団体側の消費税は関係ないため、インボイスの有無によって契約条件が見直される可能性は低いものと考えます。他方で、特別会計から支出された委託費（非営利団体にとっての受託事業）の場合、インボイスの有無が国・地方公共団体の消費税計算に影響を与えることになります。ただし、その場合であっても、民間の営利事業者とは異なるため、必ずしも取引価格が引き下げられるとは限りません。

そのため、委託者である国・地方公共団体に対して、インボイスの有無によって契約条件が変わる可能性があるのか否かを確認することが重要といえます。

2-9

免税事業者から適格請求書発行事業者（課税事業者）になる場合の影響

インボイスを交付するため、免税事業者から適格請求書発行事業者（課税事業者）になる場合の影響について教えてください。

免税事業者から適格請求書発行事業者（課税事業者）になる場合、税負担が発生するほか、会計事務所に消費税申告を依頼する費用も追加で発生する可能性があります。また、費用が追加で発生するだけではなく、インボイスの交付や帳簿の記載等の事務負担も増えることになります。

解説

適格請求書発行事業者になるためには、免税事業者から課税事業者になる必要があり、税負担（消費税の納税）が発生します。なお、免税事業者から課税事業者になる場合の影響は、税負担だけはありません。たとえば、会計事務所に消費税申告を依頼する場合、追加の費用が発生します。

また、免税事業者から適格請求書発行事業者（課税事業者）になる場合、インボイスの交付義務やインボイスの写しの保存義務、消費税計算を行うにあたっての消費税区分や帳簿の記載など、事務負担も増えることになります。

そのため、免税事業者から適格請求書発行事業者（課税事業者）になるべきか否かを検討するにあたっては、税負担だけでなく、それ以外の追加費用や事務負担の影響もすべて考慮することが重要となります。

免税事業者が適格請求書発行事業者（課税事業者）になる場合の影響

負担増	内　容	影　響
費用の増加	税負担	消費税の納税が発生します。
	税務申告に係る費用	会計事務所に消費税申告を依頼する場合、追加の費用が発生します。
事務負担の増加	インボイスの交付義務及び写しの保存義務	インボイスの交付義務とインボイスの写しの保存義務が生じます。
	消費税の計算を行うための消費税区分	消費税の計算を行うために、各取引について、課税取引や非課税取引、不課税取引など消費税の税区分（消費税区分）を行う必要があります。 原則課税の場合、売上側と仕入側の両方について消費税区分を行う必要がありますが、簡易課税の場合、売上側についてのみ消費税区分を行うことになります。ただし、簡易課税の場合、課税売上の区分に関して、原則課税の場合よりも細かく区分（事業別に区分）する必要があります。 なお、2割特例の場合、売上側についてのみ消費税区分を行いますが、簡易課税の場合と違って、課税売上を事業別に区分する必要はありません。
	仕入に関するインボイスの保存及び帳簿の保存	原則課税で計算する場合、仕入に関するインボイスを保存し、一定の事項を記載した帳簿を保存する必要があります。

2-10 免税事業者が経過措置により課税事業者になる場合

本会は免税事業者でしたが、このたびインボイスを交付するために令和５年10月１日から適格請求書発行事業者になることになりました。この場合、いつから課税事業者になるのでしょうか。

免税事業者が令和５年10月１日から適格請求書発行事業者になる場合、登録日である令和５年10月１日から課税事業者となります（28年改正法附則44④、インボイス通達５－１）。

解 説

免税事業者が経過措置により令和５年10月１日から令和11年９月30日までの日の属する課税期間中に適格請求書発行事業者の登録を受けることとなる場合、登録日から課税事業者となります。そのため、たとえば、事業年度が４月１日から翌年３月31日である免税事業者が、令和５年10月１日に登録を受けた場合、令和５年４月１日から９月30日までの期間は免税事業者となり、令和５年10月１日から令和６年３月31日までの期間が課税事業者となります（28年改正法附則44④）。

登録日（例：令和５年10月１日）と課税事業者となる期間

令和５年10月１日

登録日

免税事業者	課税事業者 （適格請求書発行事業者）
令和５年９月30日まで	令和５年10月１日以後

免税事業者が課税事業者になる場合の棚卸資産の調整計算

免税事業者が課税事業者になる場合、課税事業者となる日の前日において所有する棚卸資産のうち、免税事業者の期間において仕入れた棚卸資産があるときは、その棚卸資産について仕入税額控除の調整計算を行う必要があります。

当該調整計算を行うためには、課税事業者となる日の前日の棚卸資産を把握する必要があるため、期中で課税事業者になる場合は、期中で棚卸を行う必要があります。なお、当該調整計算を行うにあたっては、仕入先が適格請求書発行事業者か否かに関係なく、その全額を調整対象とすることができます。

課税事業者になった初回の消費税計算の際は、棚卸資産の調整計算を失念しないように留意する必要があります。なお、当該調整計算は、消費税を原則課税で計算する場合の調整計算であるため、簡易課税の場合や２割特例の場合は関係ありません。

2-11

適格請求書発行事業者になる課税期間から簡易課税の適用を受ける場合

免税事業者が適格請求書発行事業者（課税事業者）になる課税期間から簡易課税制度の適用を受けるためには、いつまでに「消費税簡易課税制度選択届出書」を提出すればよいのでしょうか。

免税事業者が経過措置により令和５年10月１日から令和11年９月30日までの日の属する課税期間中に登録を受けることになった場合、登録日の属する課税期間中にその課税期間から簡易課税制度の適用を受ける旨を記載した「消費税簡易課税制度選択届出書」を提出すれば、その課税期間から簡易課税制度の適用を受けることができます（30年改正令附則18）。

解 説

通常、簡易課税制度の適用を受けるためには、課税期間の初日の前日までに「消費税簡易課税制度選択届出書」を提出する必要があります。しかしながら、経過措置により令和５年10月１日から令和11年９月30日までの日の属する課税期間中に登録を受ける事業者は、登録日の属する課税期間中にその課税期間から簡易課税制度の適用を受ける旨を記載した「消費税簡易課税制度選択届出書」を提出すれば、その課税期間の初日の前日に「消費税簡易課税制度選択届出書」を提出したものとみなされるため（30年改正令附則18）、その課税期間から簡易課税制度の適用を受けることができます。

なお、その課税期間から簡易課税制度の適用を受けるためには、単に登録日の属する課税期間中に「消費税簡易課税制度選択届出書」を提出すればよいのではなく、届出書の冒頭にある「消費税法施行令等の一部を改正する政令（平成30年政令第135号）附則第18条の規定により消費税法第37条第１項に規定する簡易課税制度の適用を受けたいので、届出します。」の欄にチェックする必要があるため、当該チェックを失念しないようにご留意ください。

登録日（例：令和５年10月１日）の課税期間から簡易課税の適用を受ける場合

令和５年10月１日

登録日

免税事業者	課税事業者 （適格請求書発行事業者）
令和５年９月30日まで	令和５年10月１日以後

登録日の属する課税期間中に「消費税簡易課税制度選択届出書」（30年改正令附則18条の適用を受けたい旨にチェックしたもの）を提出すれば、当該課税期間から簡易課税制度の適用を受けることができます。

2-12

適格請求書発行事業者の登録を取消して免税事業者に戻る場合

本会は、従来、免税事業者でしたが、インボイスの交付を行うために適格請求書発行事業者の登録を行いました。しかしながら、インボイス制度開始後、売上の相手方からインボイスの交付を求められるケースがほとんどなかったため、登録を取消して免税事業者に戻りたいと考えています。このような場合、どのような手続が必要になるのでしょうか。

登録を取り消す場合は、「適格請求書発行事業者の登録の取消しを求める旨の届出書」(以下、「登録取消届出書」という)を提出する必要があります。そして、「消費税課税事業者選択届出書」を提出している場合、免税事業者に戻るためには、「消費税課税事業者選択不適用届出書」も提出する必要があります。

他方で、経過措置により、適格請求書発行事業者(課税事業者)になっている場合は、「登録取消届出書」の提出のみで、免税事業者に戻ることができます。

解 説

インボイス制度の開始に伴って、免税事業者が適格請求書発行事業者の登録を行ったものの、インボイス制度開始後、売上の相手方が一般消費者や免税事業者・簡易課税の事業者であったため、結果的にインボイスの交付が必要なかったというケースも考えられます。このようなケースにおいては、適格請求書発行事業者の登録を取り消した上で免税事業者に戻るという選択肢が考えられます。

まず、適格請求書発行事業者の登録を取り消す場合は、「登録取消届出書」を提出する必要があります。翌課税期間の初日から登録を取り消す場合は、翌課税期間の初日から起算して15日前の日までに届出書を提出する必要があります（Q１－18参照）。

免税事業者が適格請求書発行事業者の登録を行う場合は、原則として「消費税課税事業者選択届出書」を提出した上で、登録申請手続を行う必要があります。そのため、課税事業者から免税事業者に戻る場合も、別途、「消費税課税事業者選択不適用届出書」を提出する必要があります。

他方で、登録日が令和５年10月１日から令和11年９月30日までの日の属する課税期間中である場合、経過措置により「消費税課税事業者選択届出書」を提出することなく、「適格請求書発行事業者の登録申請書」の提出のみで適格請求書発行事業者（課税事業者）になることができます（28年改正法附則44④）。

このように経過措置により「消費税課税事業者選択届出書」を提出することなく適格請求書発行事業者（課税事業者）になっている場合は、「登録取消届出書」の提出のみで免税事業者に戻ることができます。

なお、登録開始日の属する課税期間が令和５年10月１日を含まない場合、登録開始日の属する課税期間の翌課税期間から登録開始日以後２年を経過する日の属する課税期間までの各課税期間については免税事業者になることはできないため、ご留意ください（28年改正法附則44⑤、インボイス通達５－１）。

登録の取消しと免税事業者になる手続

登録申請時の手続	免税事業者になる手続
経過措置により「適格請求書発行事業者の登録申請書」の提出のみで課税事業者になっている場合	登録取消しのみで免税事業者に戻ることができます。 なお、登録開始日の属する課税期間が令和５年10月１日を含まない場合、登録開始日の属する課税期間の翌課税期間から登録開始日以後２年を経過する日の属する課税期間までの各課税期間については免税事業者にはなりません（28年改正法附則44⑤、インボイス通達５－１）。
「消費税課税事業者選択届出書」の提出により、課税事業者になっている場合	登録取消しのみでは免税事業者に戻ることはできません。別途、免税事業者に戻ろうとする課税期間の初日の前日までに「消費税課税事業者選択不適用届出書」を提出する必要があります（インボイス通達２－５注）。 なお、「消費税課税事業者選択不適用届出書」は、原則として「消費税課税事業者選択届出書」を提出して課税事業者となった課税期間の初日から２年を経過する日の属する課税期間の初日以後でなければ、提出することはできません。

2-13

インボイス制度開始後も免税事業者として継続する場合

インボイス制度開始後も免税事業者として継続する場合、請求書や領収書を交付するにあたって、どのような点に留意すべきでしょうか。

インボイスと誤認されるような請求書や領収書を交付しないように留意する必要があります。なお、インボイス制度開始後に請求書や領収書を交付する際、消費税が含まれているような表記は控えた方が望ましいと考えます。

解 説

インボイスは、適格請求書発行事業者（課税事業者）でないと交付することができないため、免税事業者は、インボイスを交付することはできません。

また、インボイスを交付できない事業者は、インボイスと誤認するような類似書類を交付することが禁止されています（新消法57の5）。仮に、偽りの記載をしたインボイス類似書類を交付した場合は、1年以下の懲役又は50万円以下の罰金に処されることになります（新消法65四）。

どのような書類がインボイス類似書類に該当するのかという点ですが、たとえば、登録していないにもかかわらず、架空の登録番号（T+13桁の数値）を記載した請求書や領収書は、インボイス類似書類に該当するものと考えます。その一方、インボイス制度開始後は、インボイスでない請求書や領収書について相手方の仕入税額控除が制限されることになるため、免税事業者の請求書や領収書上、消費税を記載しても問題ないのか（インボイス類似書類に該当する可能性はないのか）という点について、疑問が出てきます。

消費税を記載した請求書

請求書

○年○月○日

株式会社○○御中

公益社団法人○○協会

請求金額　5,500円

日付	内容	金額
○年○月○日	○○○	3,000
○年○月○日	○○○	2,000
	税抜金額合計（10%対象）	5,000
	消費税額（10%対象）	500
	税込金額合計（10%対象）	5,500

インボイス制度開始前においては、免税事業者であったとしても、請求書や領収書に消費税を記載しているケースは、よくあると思われます。

インボイス制度開始後においても、請求書や領収書に消費税を記載している場合、相手方が「消費税を記載しているということは、インボイスなのではないか」と誤認する可能性がないとはいいきれませんが、登録番号の記載がない限り、インボイスでないことは明らかです。

そのため、仮に免税事業者がインボイス制度開始後に請求書や領収書に消費税を記載したとしても、インボイス類似書類には該当しないと考えられます。

他方で、請求書や領収書に登録番号の記載がないということは、適格請求書発行事業者ではないため、免税事業者であることが相手方にも推認されてしまいます。

このような場合、取引の相手方から、「なぜ、登録番号の記載がないにもかかわらず（インボイスでないにもかかわらず）、消費税が含まれているような表記になっているのか」という点に関して疑問が生じ、トラブルになる可能性も懸念されます。

そのため、無用なトラブルを回避する観点から、請求書や領収書を交付する際は、消費税が含まれているような表記ではなく、取引金額のみを記載するような表記に変更するのが望ましいと考えます。

たとえば、前記の例であれば、5,000円＋500円（消費税）＝5,500円という表記ではなく、単純に5,500円という表記の方が望ましいと考えます。

消費税を記載しない請求書

請求書

○年○月○日

株式会社○○御中

公益社団法人○○協会

請求金額　5,500円

日付	内容	金額
○年○月○日	○○○	3,300
○年○月○日	○○○	2,200
	金額合計	5,500

第3章

課税事業者（適格請求書発行事業者）の対応（売上側）

非営利団体においては、会費収入や負担金収入、協賛金収入など、非営利団体特有の収入取引があります。そのため、第３章では、適格請求書発行事業者となる課税事業者を前提として、非営利団体の実務において、よく出てくる収入取引を中心に個別具体的な論点について解説します。

3-1 課税事業者と適格請求書発行事業者の登録

課税事業者の場合、適格請求書発行事業者になるのでしょうか。

適格請求書発行事業者になるためには、課税事業者である必要がありますが、課税事業者が自動的に適格請求書発行事業者になるわけではありません。適格請求書発行事業者になるためには、登録手続が必要となります。そのため、課税事業者であっても、あえて適格請求書発行事業者の登録を行わないという選択肢もあります。

解説

インボイスを交付するためには、適格請求書発行事業者の登録を行う必要があり、適格請求書発行事業者になるためには、課税事業者である必要があります。そのため、一見すると「課税事業者＝適格請求書発行事業者」に思えますが、課税事業者であっても、登録手続を行わない限り、適格請求書発行事業者にはなりません。

インボイス制度は、事業収益（売上）の相手方の消費税計算に影響を与える制度です。そのため、事業収益（売上）の相手方として事業者が想定される場合、インボイスを交付する必要があるため、適格請求書発行事業者の登録を行う必要があります。一方、事業収益（売上）の相手方として一般消費者が想定される場合、相手方において消費税計算を行うことがないため、インボイスを求められることはありません。そのため、事業収益（売上）がすべて一般消費者向けの場合、インボイスを交付する必要がないため、適格請求書発行事業者の登録を行う必要はありません。

課税事業者と適格請求書発行事業者の関係

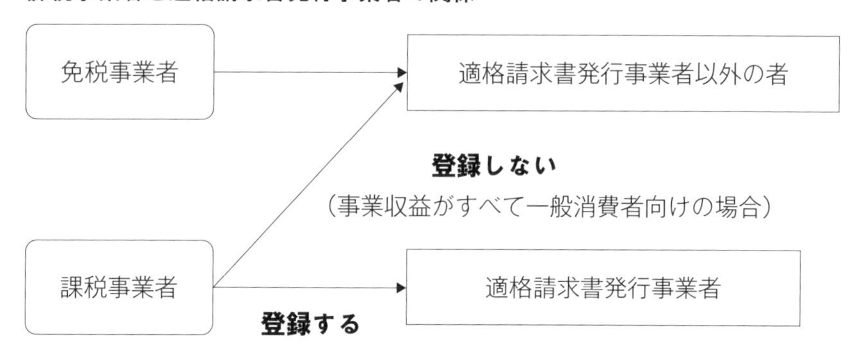

3-2

インボイスの交付義務について

適格請求書発行事業者になった場合、すべての事業収益（売上）に対して、インボイス（適格請求書・適格簡易請求書）を交付する必要はあるのでしょうか。

適格請求書発行事業者になった場合であっても、すべての事業収益（売上）に対して、インボイスを交付する必要はありません。たとえば、一般消費者に対してインボイス（適格請求書・適格簡易請求書）を交付する必要はありません。

解説

インボイス（適格請求書・適格簡易請求書）の交付義務は、課税事業者から交付を求められたときに交付する義務です（新消法57の4①）。そのため、一般消費者や免税事業者からインボイスの交付を求められたとしても、交付する義務はありません。

その一方で、事業収益（売上）の相手方に一般消費者と事業者が混在していて、誰が事業者なのかわからないような場合があります。このような場合、誰が課税事業者なのかわからないため、すべて一律にインボイスを交付するという対応が考えられます。

他方で、事業収益（売上）の性格から鑑みて、相手方の大部分は一般消費者であると思われるような取引については、一律にインボイスを交付するのではなく、課税事業者から求められた場合に交付するという対応も考えられます。

なお、すべての事業者がインボイスの交付を求めるとは限りません。事業者であっても、免税事業者であれば、そもそも消費税は関係ないからです。また、課税事業者であっても簡易課税の事業者、2割特例の適用事業者であれば、みなし仕入率で仕入税額を計算するため、インボイスは関係ありません。そのため、比較的小規模と思われる事業者を対象としているような取引の場合、相手方の大部分は免税事業者や簡易課税の事業者、2割特例の適用事業者である可能性があり、インボイスの交付を求めない可能性があります。

また、令和5年度税制改正により、基準期間における課税売上高が1億円以下又は特定期間における課税売上高が5,000万円以下である事業者については、令和5年10月1日から令和11年9月30日までの期間、1万円未満の課税仕入についてインボイスがなくても仕入税額控除が可能となりました（28年改正法附則53の2、30年改正令附則24の2①）。そのため、相手方が基準期間における課税売上高が1億円以下又は特定期間における課税売上高が5,000万円以下である事業者であれば、1万円未満の取引に関して、相手方がインボイスを求めない可能性があります。

適格請求書発行事業者になった場合であっても、すべての取引についてインボイスを交付するとは限らないため、事業収益（売上）の相手方を見ながら、インボイスを交付すべきか否かを判断し、状況によっては、一律にインボイスを交付するのではなく、課税事業者から求められた場合に交付するという対応も考えられます。

インボイスの交付義務と相手方の関係

<table>
<tr><th>インボイス</th><th colspan="2">相手方</th><th>相手方の消費税計算</th></tr>
<tr><td rowspan="2">交付義務なし</td><td colspan="2">一般消費者</td><td rowspan="2">消費税計算を行わないため、インボイスは関係ありません。</td></tr>
<tr><td colspan="2">免税事業者</td></tr>
<tr><td rowspan="3">交付義務あり</td><td rowspan="3">課税事業者</td><td>簡易課税</td><td rowspan="2">相手方の仕入税額の計算上、インボイスは関係ありません。</td></tr>
<tr><td>２割特例</td></tr>
<tr><td>原則課税</td><td>相手方の仕入税額の計算上、インボイスが必要になります。
なお、令和５年度税制改正により、基準期間における課税売上高が１億円以下又は特定期間における課税売上高が5,000万円以下である事業者については、令和５年10月１日から令和11年９月30日までの期間、１万円未満の課税仕入についてインボイスがなくても仕入税額控除が可能となりました（28年改正法附則53の２、30年改正令附則24の２①）。</td></tr>
</table>

3-3

会費収入とインボイス

会費収入に対して、インボイスを交付する必要はありますか。

不課税取引となるような会費収入（たとえば年会費）に対して請求書や領収書を交付する場合、もともと消費税がかかっていないため、インボイスを交付することはありません。他方で、会費収入という名目であっても、たとえばセミナーの参加会費など、対価性のある会費収入に対しては、インボイスを交付する必要があります。

解説

非営利団体の場合、会費収入を受け取っているケースが多いと思われますが、会費収入といっても、その内容は様々です。インボイスは課税取引に対して交付するものであるため（新消法57の４①）、会費収入の内容（課税区分）に応じて、インボイスの交付の要否を判断することになります。

会費収入とインボイスの要否

会費収入の例	課税区分	インボイスの要否
年会費	明確な対価性がないため、不課税（特定収入）となります。	不課税取引のため、インボイスを交付しません。インボイスの形式で請求書や領収書を交付すると、相手方に対して課税取引であると誤認させてしまうため、消費税を記載しない請求書や領収書を交付することになります。
参加会費	セミナー参加のための参加料を会費名目で徴収することがありますが、このような会費収入は、実質的にセミナーに参加するための対価であるため、課税取引となります。	課税取引であるため、基本的にはインボイスを交付する必要がありますが、相手方が一般消費者や免税事業者であれば、インボイスを交付する義務はありません（**Q 3 － 2** 参照）。
購読会費	機関誌の定期購読料を会費名目で徴収することがありますが、このような会費収入は、実質的に機関誌を定期購読するための対価であるため、課税取引となります。	

非営利団体の会費収入については、名称のみで判断することができないため、会費収入の内容に応じて、インボイスでない請求書や領収書を交付するのか、それともインボイスの記載事項を満たした請求書や領収書を交付するのか判断することになります。

インボイス制度の導入と支出側の課税認識

消費税は、取引の内容によって課税取引か不課税取引か判定します。そのため、本来、収入側が課税売上であれば支出側は課税仕入のはずであり、収入側が不課税取引であれば、支出側も不課税取引であるはずです。

しかしながら、インボイス制度導入前までは、必ずしも収入側（非営利団体）の課税認識と支出側の課税認識が一致しているとは限りませんでした。なぜなら、会費や負担金、協賛金等の非営利団体特有の取引に関しては、対価性が不明確なケースも多く、支出側において課税取引なのか不課税取引なのか判断が難しいようなケースがあるからです。

消費税法基本通達上、会費のような対価性の判定が困難な取引について、不課税として扱うのであれば、資産の譲渡等の対価に該当しないものとする旨を通知することとされています（消基通５－５－３）。そのため、不課税取引の会費については、請求書や領収書上において、「不課税」や「課税対象外」など、消費税がかかっていないことを明記しているケースはあります。このように、不課税取引であることを明記しているケースにおいては、収入側と支出側の課税認識は一致しているものと思われます。

しかし、資産の譲渡等の対価に該当しないものとする旨の通知は、不課税取引として扱うための必須要件というわけではありません。実務上は、収入側において不課税取引扱いであっても、その旨を明記していないケースはよくあります。

そのため、請求書や領収書上、消費税の扱いを明記していないケースにおいては、収入側である非営利団体が不課税取引という認識であったとしても、支出側は課税仕入として認識しているようなケースもあると思われます。

インボイス制度が導入されると、課税取引の場合はインボイスが交付されますが、不課税取引の場合はインボイスが交付されません。そのため、インボイス制度が開始した後は、インボイスの有無によって課税取引なのか不課税取引なのかが明確になります。

その結果、課税認識が一致していなかったケースにおいては、インボイス制度開始後に「いままで会費や負担金、協賛金の支払いは課税取引だと思っていたが、インボイスが交付されないということは不課税取引なのか」といった問い合わせがくる可能性があると思われます。

3-4

負担金収入とインボイス

負担金収入に対して、インボイスを交付する必要はありますか。

A

不課税取引となるような負担金収入（たとえば対価性がなく、実質的に寄付の性格に近い負担金収入）に対して請求書や領収書を交付する場合、もともと消費税がかかっていないため、インボイスを交付することはありません。他方で、負担金収入という名目であっても、たとえば展示会の出展負担金など、対価性のある負担金収入に対しては、インボイスを交付する必要があります。

解説

非営利団体の場合、事業を行うために負担金収入を受け取っているケースがありますが、負担金収入といっても、その内容は様々です。インボイスは課税取引に対して交付するものであるため（新消法57の4①）、負担金収入の内容（課税区分）に応じて、インボイスの交付の要否を判断することになります。

負担金収入とインボイスの要否

負担金収入の例	課税区分	インボイスの要否
非営利の事業を行うために集める負担金であって実質的に寄付の性格に近いもの	明確な対価性がないため、不課税（特定収入）となります。	不課税取引のため、インボイスを交付しません。インボイスの形式で請求書や領収書を交付すると、相手方に対して課税取引であると誤認させてしまうため、消費税を記載しない請求書や領収書を交付することになります。
出展負担金	展示事業において、出展料相当を負担金名目で集めることがありますが、このような負担金収入は、実質的に出展するための対価であるため、課税取引となります。	課税取引であるため、基本的にはインボイスを交付する必要がありますが、相手方が一般消費者や免税事業者であれば、インボイスを交付する義務はありません（Q3－2参照）。

非営利団体の負担金収入については、名称のみで判断することができないため、負担金収入の内容に応じて、インボイスでない請求書や領収書を交付するのか、それともインボイスの記載事項を満たした請求書や領収書を交付するのか判断することになります。

3-5

協賛金収入とインボイス

協賛金収入に対して、インボイスを交付する必要はありますか。

不課税取引となるような協賛金収入（たとえば対価性がなく、実質的に寄付の性格に近い協賛金収入）に対して請求書や領収書を交付する場合、もともと消費税がかかっていないため、インボイスを交付することはありません。他方で、協賛金収入という名目であっても、たとえば広告協賛金など、対価性のある協賛金収入に対しては、インボイスを交付する必要があります。

解説

非営利団体の場合、事業を行うために協賛金収入を受け取っているケースがありますが、協賛金収入といっても、その内容は様々です。インボイスは課税取引に対して交付するものであるため（新消法57の４①）、協賛金収入の内容（課税区分）に応じて、インボイスの交付の要否を判断することになります。

協賛金収入とインボイスの要否

協賛金収入の例	課税区分	インボイスの要否
非営利の事業を行うために集める協賛金であって実質的に寄付の性格に近いもの	明確な対価性がないため、不課税（特定収入）となります。	不課税取引のため、インボイスを交付しません。インボイスの形式で請求書や領収書を交付すると、相手方に対して課税取引であると誤認させてしまうため、消費税を記載しない請求書や領収書を交付することになります。
広告協賛金	広告料相当を協賛金名目で集めることがありますが、このような広告協賛金は、実質的に広告掲載の対価であるため、課税取引となります。	課税取引であるため、基本的にはインボイスを交付する必要がありますが、相手方が免税事業者であれば、インボイスを交付する義務はありません（**Q3－2**参照）。

非営利団体の協賛金収入については、名称のみで判断することができないため、協賛金収入の内容に応じて、インボイスでない請求書や領収書を交付するのか、それともインボイスの記載事項を満たした請求書や領収書を交付するのか判断することになります。

3-6

寄付金収入とインボイス

寄付金収入に対して、インボイスを交付する必要はありますか。

不課税取引となるような寄付金収入に対して領収書を交付する場合、もともと消費税がかかっていないため、インボイスを交付することはありません。

解 説

寄付金収入は不課税取引のため、インボイスを交付することはありません。インボイスの形式で領収書を交付すると、相手方に対して課税取引であると誤認させてしまうため、消費税を記載しない領収書を交付することになります。

3-7

請負金収入とインボイス

本会は、受託事業による請負金収入がありますが、インボイスを交付する必要はありますか。

請負金収入に対してはインボイス（適格請求書）を交付する必要があります。

解説

受託事業の場合、相手方（委託者）は事業者であると考えられることから、このような受託事業による請負金収入に対しては、インボイス（適格請求書）を交付することになります。

3-8

家賃収入とインボイス

本会は、事務所の一部を他団体に賃貸していますが、家賃収入は口座振替のため、請求書を交付していません。インボイス制度開始後は、適格請求書を交付する必要はありますか。

契約書に適格請求書の記載事項の一部（課税資産の譲渡等の年月日以外の事項）が記載されていれば、改めて適格請求書を交付する必要はありません。

なお、インボイス制度導入前に締結した契約書には、登録番号等の記載事項が不足していると思われるため、その場合は、別途、不足している事項（登録番号等）を通知する必要があります。

解説

適格請求書は名称や様式を問わないため、契約書も必要な記載事項を満たせば適格請求書となります。また、適格請求書は一つの書類ですべての記載事項を満たす必要はなく、複数の書類で記載事項を満たせば、それらの書類全体で適格請求書の記載事項を満たすことになります。そのため、適格請求書として必要な記載事項の一部（課税資産の譲渡等の年月日以外の事項）が記載された契約書と通帳や振込金受取書（課税資産の譲渡等の年月日の事実を示すもの）を併せて保存しておけば、それらの書類全体で適格請求書となります（インボイスQ&A《口座振替・口座振込による家賃の支払》）。

家賃収入については、口座振替等によって入金がなされ、改めて請求書や領収書を交付していないケースはよくあります。原則課税の事業者である賃借人の場合、仕入税額控除を行うためにはインボイス（適格請求書）が必要となりますが、契約書と通帳等でも適格請求書の記載事項を満たせば、インボイス（適格請求書）として扱うことができるため、このような場合は、改めて請求書や領収書を交付する必要はありません。ただし、その場合は、賃借人との間で「契約書と通帳等をインボイス（適格請求書）として扱うため、改めて請求書や領収書を交付しない」ということについて、共通認識をもっておくことが重要となります。

なお、令和５年９月30日以前に締結した契約書の場合、登録番号等の記載事項が不足していると思われるため、その場合は、別途、不足している事項（登録番号等）を通知する必要があります。

適格請求書の記載事項と追加の対応

	記載事項	追加の対応
①	適格請求書発行事業者の氏名又は名称及び登録番号	賃貸人（非営利団体名）は契約書に記載されていますが、令和５年９月30日以前に締結した契約書の場合、登録番号は記載されていないと思われるため、登録番号については、別途、通知する必要があります。
②	課税資産の譲渡等を行った年月日	課税資産の譲渡等を行った年月日の事実を示すものとして、賃借人は通帳や振込金受取書を保存する必要があります。
③	課税資産の譲渡等に係る資産又は役務の内容	契約書に記載されています。
④	課税資産の譲渡等の税抜価額又は税込価額を税率ごとに区分して合計した金額及び適用税率	金額については契約書に記載されていますが、適用税率については記載されていない場合もあります。仮に、適用税率について記載されていない場合は、別途、通知する必要があります。
⑤	税率ごとに区分した消費税額等	消費税額等については契約書に記載されていない場合もあります。仮に、消費税額について記載されていない場合は、別途、通知する必要があります。
⑥	書類の交付を受ける事業者の氏名又は名称	賃借人は、契約書に記載されています。

なお、賃借人が免税事業者や簡易課税の事業者、2割特例の適用事業者の場合、賃借人側においてインボイスが不要であるため、追加の対応は必須ではありません。

賃借人とインボイスの対応

<table>
<tr><th colspan="2">賃借人</th><th>インボイスの対応</th></tr>
<tr><td rowspan="3">課税事業者</td><td>原則課税</td><td>現状の契約書で不足している事項（登録番号等）を通知する必要があります。</td></tr>
<tr><td>簡易課税</td><td rowspan="3">賃借人側においてインボイスが不要であるため、追加の対応は必須ではありません。</td></tr>
<tr><td>２割特例</td></tr>
<tr><td colspan="2">免税事業者</td></tr>
</table>

3-9

水道光熱費の請求とインボイス

本会は、事務所の一部を他団体に賃貸しており、家賃収入のほか、電力料金と水道料金の実費相当額を別途請求しています。このような場合、インボイス制度開始後、どのような書類を賃借人に対して交付する必要がありますか。

電力料金・水道料金に関する立替金精算書（公共料金事業者名及び公共料金事業者の登録番号が記載されたもの）を交付する必要があります。

解説

事務所を賃貸する際、電気や水道などの公共料金に関して、賃貸人が公共料金事業者にまとめて支払いを行い、賃借人の実費相当額を別途賃借人に請求しているような例があります。

賃借人側からすると、賃貸人に公共料金を立替払いしてもらったという位置づけとなるため、公共料金に対して仕入税額控除を行うためには、立替金精算書と公共料金事業者のインボイスの写しが必要になります。ただし、公共料金事業者のインボイスの写しが大量になる等の事情がある場合は、公共料金事業者名及び公共料金事業者の登録番号を記載した立替金精算書でも仕入税額控除を行うことができます（インボイスQ&A《立替金》）。

公共料金に関して実費相当額を請求するため、従来から立替金精算書を作成している例は多いと思われますが、インボイス制度開始後は、当該立替金精算書に公共料金事業者名と公共料金事業者の登録番号を明記する必要があります。

3-10 出版物の販売とインボイス

本会は、出版物の販売を行っていますが、インボイスの交付に関して、適格請求書と適格簡易請求書のどちらを交付するのでしょうか。

出版物の販売に関しては、不特定かつ多数の者に資産の譲渡等を行う事業と考えられるため、適格簡易請求書を交付することができます。

なお、明らかに一般消費者を対象として販売しているような場合は、そもそもインボイス（適格請求書・適格簡易請求書）を交付する義務はありません。

解説

不特定かつ多数の者に資産の譲渡等を行う事業については、適格簡易請求書を交付することができます（新消法57の4②、新消令70の11）。そして、不特定かつ多数の者に資産の譲渡等を行う事業であるかどうかは、個々の事業の性質により判断することになります。

資産の譲渡等を行う者が資産の譲渡等を行う際に相手方の氏名又は名称等を確認せず、取引条件等をあらかじめ提示して相手方を問わず広く資産の譲渡等を行うことが常態である事業は、不特定かつ多数の者に資産の譲渡等を行う事業に該当します。たとえば、イベント会場において出版物を販売している場合は、通常、相手方の氏名等を確認せずに販売していると思われるため、不特定かつ多数の者に資産の譲渡等を行う事業に該当すると考えられます。

他方で、ホームページにおける通信販売のように、相手の氏名又は名称等を確認した上で、相手方の住所に出版物を送付して販売している場合があります。

このような場合、相手方の氏名等を確認した上で販売しているため、不特定かつ多数の者に資産の譲渡等を行う事業に該当するのか否かという点が問題となりますが、「事業の性質上、事業者がその取引において、氏名等を確認するものであったとしても、相手方を問わず広く一般を対象に資産の譲渡等を行っている事業（取引の相手方について資産の譲渡等を行うごとに特定することを必要とし、取引の相手方ごとに個別に行われる取引であることが常態である事業を除きます。）」であれば、不特定かつ多数の者に資産の譲渡等を行う事業に該当するとされています（インボイスQ&A《適格簡易請求書の交付ができる事業》）。

出版物の通信販売に関しては、相手の氏名等を確認した上で、相手方の住所に出版物を送付しているため、相手方の氏名・住所を特定して相手方ごとに個別に販売しているという考え方もあるかもしれません。その一方で、小売業であれば、たとえ通信販売により相手方の氏名等を確認している場合であっても、適格簡易請求書を交付することができることから鑑みると、出版物の通信販売において、たとえ相手方の氏名等を確認していたとしても、不特定かつ多数の者に資産の譲渡等を行う事業として、適格簡易請求書を交付することができると考えられます。

ちなみに、通信販売の場合、従来から注文者の氏名又は名称を記載した請求書や領収書を交付しているケースも多いと思われますが、このような場合は、インボイス制度開始後においても、適格簡易請求書ではなく、注文者の氏名又は名称を記載した適格請求書を交付する対応もあると考えます。

なお、明らかに一般消費者を対象として販売しているような場合は、インボイス（適格請求書・適格簡易請求書）を交付する義務はありません。

販売相手・販売方法とインボイスの対応

<table>
<tr><th colspan="2">販売相手・販売方法</th><th>インボイスの対応</th></tr>
<tr><td rowspan="2">事業者</td><td>イベント会場において、相手方の氏名等を確認せずに販売している場合</td><td>適格簡易請求書を交付します。</td></tr>
<tr><td>通信販売において、相手方の氏名等を確認した上で販売している場合</td><td>適格簡易請求書を交付することができると考えられますが、従来から相手方の氏名等を記載した請求書や領収書を交付しているような場合は、適格請求書を交付する対応もあると考えます。</td></tr>
<tr><td colspan="2">一般消費者</td><td>インボイスを交付する義務はありません。</td></tr>
</table>

3-11

海外売上とインボイス

海外に出版物を販売する場合、インボイスを交付する必要はありますか。

海外に販売する場合、インボイスを交付する必要はありません。

解説

インボイス制度は、日本の消費税の仕入税額控除に関する制度であるため、輸出売上の場合は関係ありません。そのため、輸出売上に関して、インボイスを交付する必要はありません（新消法57の4①）。

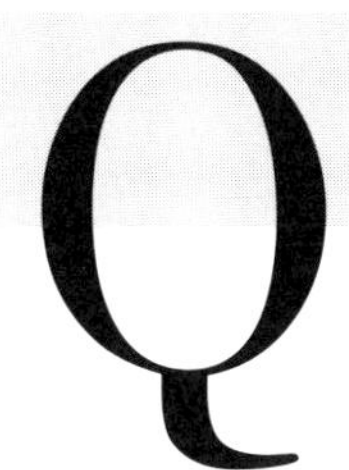

3-12

出版物の委託販売とインボイスの交付

本会は、出版物の販売を外部に委託していますが、委託販売の場合、インボイスの交付はどのように行うのでしょうか。

委託販売においてインボイスを交付する際の方法には、委託者名（非営利団体名）でインボイスを交付する「代理交付」という方法と、受託者名でインボイスを交付する「媒介者交付特例」という方法があります。

解 説

委託販売におけるインボイスの交付方法には、「代理交付」という方法と「媒介者交付特例」という方法があります（インボイスQ&A《媒介者交付特例》）。

1 代理交付

代理交付とは、受託者が委託者（非営利団体）を代理して、委託者（非営利団体）の氏名又は名称及び登録番号を記載した委託者（非営利団体）のインボイスを交付する方法です。この場合、媒介者交付特例と異なり、受託者が適格請求書発行事業者でなかったとしてもインボイスを交付することができます。

代理交付

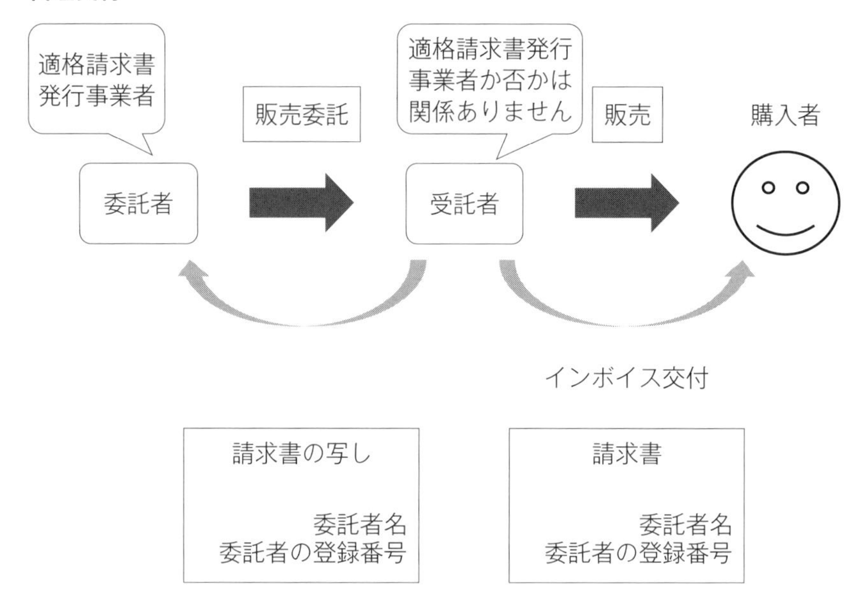

2 媒介者交付特例

媒介者交付特例とは、受託者が受託者の氏名又は名称及び登録番号を記載したインボイスを交付する方法です（新消令70の12①）。

媒介者交付特例

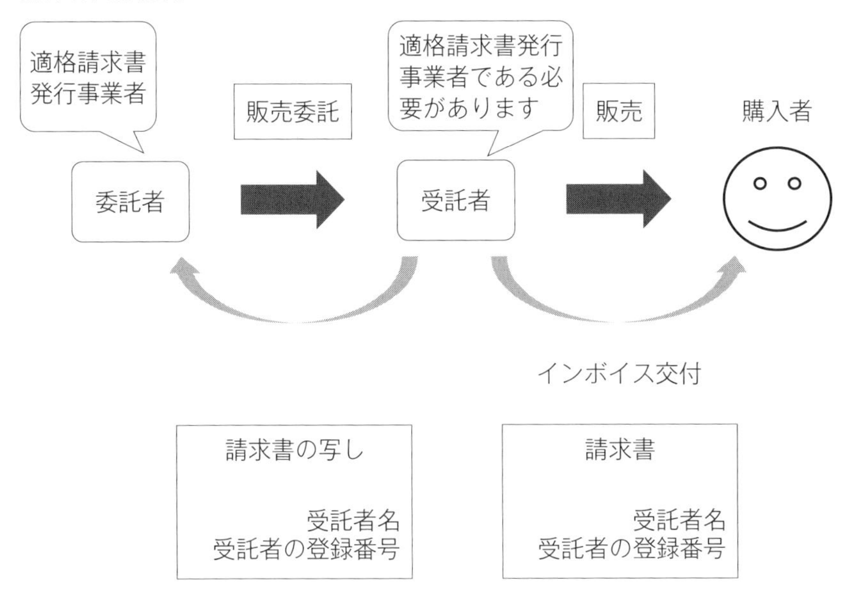

媒介者交付特例を適用するためには、次の要件を満たす必要があります。

媒介者交付特例の要件

①	委託者及び受託者が適格請求書発行事業者であること。
②	委託者が受託者に、自己が適格請求書発行事業者の登録を受けている旨を取引前までに通知していること。 通知の方法としては、個々の取引の都度、事前に登録番号を書面等により通知する方法のほか、たとえば、基本契約書等に委託者の登録番号を記載する方法などがあります（インボイス通達３－７）。

いずれの方法であったとしても、受託者が交付したインボイスの写しを受託者から委託者である非営利団体に交付してもらい、委託者である非営利団体において、インボイスの写しを保存することになります。

なお、媒介者交付特例において、委託者に交付するインボイスの写しについては、たとえば、複数の委託者の商品を販売した場合や、多数の購入者に対して日々インボイスを交付する場合などで、コピーが大量になるなど、インボイスの写しそのものを交付することが困難な場合には、インボイスの写しと相互の関連が明確な精算書等の書類等を交付することで差し支えないとされています（インボイスQ&A《媒介者交付特例》、インボイス通達3－8）。このような場合は、交付された精算書等を保存することになります。

委託販売とインボイスの扱い

交付方法	インボイス	インボイスの写しの保存（委託者）
代理交付	委託者名（非営利団体名）のインボイスを受託者が代理で交付します。	受託者が交付したインボイスの写しを委託者である非営利団体に交付してもらい、当該写しを保存します。
媒介者交付特例	受託者名のインボイスを交付します。この場合、受託者側も適格請求書発行事業者である必要があります。	原則として、受託者が交付したインボイスの写しを委託者である非営利団体に交付してもらい、当該写しを保存します。 インボイスの写しではなく、インボイスの写しと相互の関連が明確な精算書等が交付された場合は、当該精算書等を保存します。

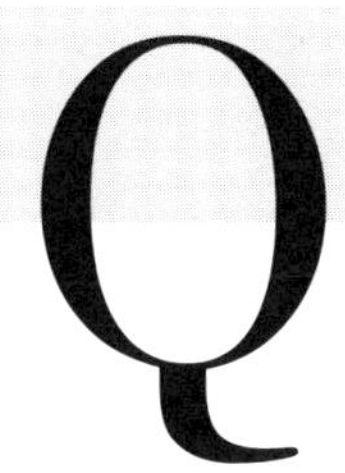

3-13 出版物の委託販売と委託販売手数料に関するインボイス

本会は、出版物の委託販売に関して、受託者が販売した売上金額から委託販売手数料を控除した残額を売上金額（課税売上）として計上していますが、その場合におけるインボイスの扱いについて教えてください。

委託販売に関して、受託者が販売した売上金額から委託販売手数料を控除した残額を課税売上として計上するためには、委託販売手数料に係るインボイスが必要となります（インボイスQ&A《委託販売等の手数料に係る委託者の売上税額の計算》）。

解説

委託販売においては、受託者が販売した売上金額が、本来、委託者（非営利団体）における売上金額（課税売上）となりますが、軽減税率の適用対象とならない課税売上のみの場合、受託者が販売した売上金額から委託販売手数料を控除した残額を委託者（非営利団体）における売上金額（課税売上）とすることも認められています（消基通10－1－12、軽減通達16）。

委託販売の精算書

内　容	金　額	備　考
出版売上	110,000	受託者が販売した売上金額
委託販売手数料	11,000	受託者に対する委託販売手数料
差引 （受託者からの入金）	99,000	販売した売上金額から委託販売手数料を控除した残額

非営利団体における会計処理

	委託販売手数料を費用計上する会計処理	委託販売手数料を売上から控除する会計処理
出版売上（課税売上）	110,000	99,000
委託販売手数料（課税仕入）	△11,000	

インボイス制度開始後は、委託販売手数料に対して仕入税額控除を行うためには、委託販売手数料に係るインボイスが必要となります。そのため、受託者が販売した売上金額から委託販売手数料を控除した残額を売上金額（課税売上）とする場合であっても、委託販売手数料に係るインボイスが必要となります（インボイスQ&A《委託販売等の手数料に係る委託者の売上税額の計算》）。

3-14

送料相当額の請求とインボイス

本会は、出版物を販売する際、送料を上乗せして請求していますが、適格請求書を交付する場合、どのような点に留意すべきでしょうか。

適格請求書の消費税額の端数処理は、請求書ごとに1回であるため、送料を売上の一部として扱う場合は、送料込みの請求金額について端数処理を行う点にご留意ください。

解説

非営利団体においては、出版物の通信販売を行う際に、送料を上乗せして請求しているケースがよくあります。

送料を実費請求しているような場合、立替払い扱いすることも可能ですが、その場合、立替金精算書と立替払いした送料に係るインボイスを相手方に提出する必要があるため、事務処理が煩雑になります。このような場合、立替払いではなく、売上の一部として扱った方が簡便的といえます。

また、送料を実費請求ではなく概算請求しているようなケースも多いです。このような場合、立替払いではないため、売上の一部として扱うことになります。

そして、送料を売上の一部として扱う場合は、送料込みの請求金額が売上金額となるため、適格請求書を交付する際は、当該金額に対して、消費税額の端数処理を行うことになります。

送料込みの請求金額について端数処理した適格請求書

請求書

○年○月○日

株式会社○○御中

公益社団法人○○協会

T1234567890123

請求金額　3,500円

日付	内容	金額
○年○月○日	書籍A	3,000円
	送料相当額	500円
	税込金額合計（10%対象）	3,500円
	うち消費税額（10%対象）	（318円）

送料込みの請求合計3,500円について消費税の端数処理を行います。

たとえば、上記の例の場合、書籍代3,000円と送料500円、それぞれについて消費税額の端数処理を行うのではなく、送料込みの請求合計3,500円について消費税額の端数処理を行う点にご留意ください。

3-15

著作権使用料収入（印税収入）とインボイス

本会は、著作権使用料収入（印税収入）がありますが、当該収入に関しては、支払者側から支払明細書等が交付されるため、請求書を交付していません。インボイス制度開始後は、適格請求書を交付する必要はありますか。

支払明細書等に必要な事項が記載されていれば、支払者側は当該書類をもって仕入税額控除を行うことができます。そのため、このような場合は、改めて適格請求書を交付する必要はありません。なお、記載事項として、非営利団体の登録番号が必要となるため、支払者側に対して、非営利団体の登録番号を通知しておく必要があります。

解説

著作権使用料収入（印税収入）については、支払者側でその金額を計算するため、権利者である非営利団体側でインボイスを交付するというよりも、支払者側から支払明細書等（仕入明細書等）が交付されるのが一般的です。

そして、このような支払明細書等（仕入明細書等）については、必要な事項が記載されていれば、支払者側は当該書類をもって仕入税額控除を行うことができます。

そのため、インボイス制度開始後は、仕入税額控除を行う観点から、支払者側においてインボイスの記載事項を満たした支払明細書等（仕入明細書等）を交付してくるものと思われます。

仕入明細書等の記載事項

①	仕入明細書の作成者の氏名又は名称
②	課税仕入れの相手方の氏名又は名称及び登録番号
③	課税仕入れを行った年月日（課税期間の範囲内で一定の期間内に行った課税仕入れについてまとめて作成する場合には、当該一定の期間）
④	課税仕入れに係る資産又は役務の内容（課税仕入れが他の者から受けた軽減対象資産の譲渡等に係るものである場合には、資産の内容及び軽減対象資産の譲渡等に係るものである旨）
⑤	税率ごとに合計した課税仕入れに係る支払対価の額及び適用税率
⑥	税率ごとに区分した消費税額等

※相手方の確認が必要となります。

支払明細書（仕入明細書）の記載例

支払明細書

○年○月○日

公益社団法人○○協会　御中

T1234567890123

株式会社○○

支払金額　3,300円

期間	内容	金額
○年○月～○年○月分	○○著作権使用料	1,000円
○年○月～○年○月分	○○著作権使用料	2,000円
	税抜合計金額（10%対象）	3,000円
	消費税額（10%対象）	300円
	税込合計金額（10%対象）	3,300円

※○日以内にご連絡がない場合は、確認済みとします。

なお、支払明細書等（仕入明細書等）には、支払者側にとっての課税仕入れの相手方である非営利団体の登録番号の記載が必要となります。そのため、支払明細書等（仕入明細書等）を適格請求書の代わりとして扱う場合は、インボイス制度が開始する前に、支払者側に対して非営利団体の登録番号を通知しておく必要があります。

3-16

受講料収入とインボイス

本会は、セミナーや講習会を開催していますが、インボイスの交付に関して、適格請求書と適格簡易請求書のどちらを交付するのでしょうか。

不特定かつ多数の者を対象としたセミナーや講習会については、適格簡易請求書を交付することができます。

なお、明らかに一般消費者を対象としたセミナーや講習会の場合は、そもそもインボイス（適格請求書・適格簡易請求書）を交付する義務はありません。

解説

不特定かつ多数の者に資産の譲渡等を行う事業については、適格簡易請求書を交付することができます（新消法57の４②、新消令70の11）。そして、不特定かつ多数の者に資産の譲渡等を行う事業であるかどうかは、個々の事業の性質により判断することになります。

資産の譲渡等を行う者が資産の譲渡等を行う際に相手方の氏名又は名称等を確認せず、取引条件等をあらかじめ提示して相手方を問わず広く資産の譲渡等を行うことが常態である事業は、不特定かつ多数の者に資産の譲渡等を行う事業に該当します。たとえば、セミナーや講習会の当日の受付において、相手の氏名又は名称を確認せずに受講料を集めているような場合は、適格簡易請求書を交付することができます。

他方で、受講人数制限の関係上、事前申込を前提として、申込の際に氏名又は名称を確認しているような場合があります。また、受講料に関して会員と非会員の区別を設けている関係上、受講の際に氏名又は名称を確認しているような場合があります。

このような場合、相手方の氏名等を確認しているため、不特定かつ多数の者に資産の譲渡等を行う事業に該当するのか否かという点が問題となりますが、「事業の性質上、事業者がその取引において、氏名等を確認するものであったとしても、相手方を問わず広く一般を対象に資産の譲渡等を行っている事業（取引の相手方について資産の譲渡等を行うごとに特定することを必要とし、取引の相手方ごとに個別に行われる取引であることが常態である事業を除きます。）」であれば、不特定かつ多数の者に資産の譲渡等を行う事業に該当するとされています（インボイスQ&A《適格簡易請求書の交付ができる事業》）。

そのため、仮に氏名等の確認をしていたとしても、相手方の特定をしていないような場合は、不特定かつ多数の者に資産の譲渡等を行う事業に該当し、適格簡易請求書を交付することができます。

受講人数の把握や会員・非会員区分の関係上、受講者の氏名等を確認していたとしても、セミナーや講習会にあたって、個人を特定しているわけではないと考えられるため、このような場合は、たとえ氏名等を確認していたとしても、適格簡易請求書を交付することができると考えます。

なお、明らかに一般消費者を対象としたセミナーや講習会の場合は、そもそもインボイス（適格請求書・適格簡易請求書）を交付する義務はありません。

受講者とインボイスの対応

受講者	インボイスの対応
事業者	適格簡易請求書を交付します。仮に、氏名等を確認している場合であっても、不特定かつ多数を対象としているセミナーや講習会の場合は、適格簡易請求書を交付することができると考えます。
一般消費者	インボイスを交付する義務はありません。

セミナーや講習会の中には、従来、受講者に対して領収書を交付していないケースもあると思われます。このように領収書を交付していなかったケースにおいて、一律にインボイスの交付を行うことになると、事務負担が増えることになります。

インボイス制度が開始したとしても、すべての受講者がインボイスを必要とするわけではありません。消費税が関係ない一般消費者や免税事業者、みなし仕入率で仕入税額を計算する簡易課税の事業者や２割特例の適用事業者については、インボイスは関係ありません。また、令和５年度税制改正により、基準期間における課税売上高が１億円以下又は特定期間における課税売上高が5,000万円以下である事業者については、令和５年10月１日から令和11年９月30日までの期間、１万円未満の課税仕入についてインボイスがなくても仕入税額控除が可能となったため（28年改正法附則53の２、30年改正令附則24の２①）、１万円未満の受講料であれば、インボイスを求められない可能性もあります。

インボイスの交付義務とは、課税事業者から求められた場合に交付する義務です。そのため、大部分の受講者についてインボイスが不要と思われるようなケースにおいては、求められた場合のみ交付するというのも一つの対応であると考えます。他方で、求められた都度、対応する方が煩雑になるというケースにおいては、一律に交付することになると考えます。

相手方のインボイスの要否に関係なく、一律にインボイスを交付する対応にするのか、それとも求められた場合のみ個別にインボイスを交付する対応にするのか、いずれの対応が望ましいのかを検討することになります。

ケース別のインボイスの対応

受講者	インボイスの対応
受講者が基本的に事業者であると思われるケース	基本的には、一律にインボイスを交付する対応が望ましいと考えます。
受講者の中に事業者と一般消費者が混在していると思われるケース	一律にインボイスを交付する対応が望ましいのか、求められた場合のみ交付する対応が望ましいのかを検討します。
受講者が基本的に一般消費者であると思われるケース	基本的には、インボイスを交付せず、求められた場合のみ交付する対応もあると考えます。

なお、インボイスを交付する場合は、講習会の会場において領収書を交付する対応や、受講修了証と併せて領収書を交付する対応が考えられます。

３万円未満の取引と受講料のインボイス

インボイス制度開始前までは、３万円未満の取引について請求書等がなくても仕入税額控除を行うことができましたが、インボイス制度開始後においては、当該３万円未満の規定が廃止されます。その結果、インボイス制度開始前までは、３万円未満の受講料について受講者側で領収書がなくても仕入税額控除を行うことができましたが、インボイス制度開始後は、インボイスがない限り、受講者側で仕入税額控除を行うことができなくなります。

そのため、従来、受講者から領収書を求められてこなかった場合であっても、インボイス制度開始後においては、インボイスを求められる可能性があるため、ご留意ください。

なお、令和５年度税制改正により、基準期間における課税売上高が１億円以下又は特定期間における課税売上高が5,000万円以下である事業者については、令和５年10月１日から令和11年９月30日までの期間、１万円未満の課税仕入についてインボイスがなくても仕入税額控除が可能となったため、１万円未満の受講料であれば、インボイスを求められない可能性も考えられます。

3-17

資格関連収入とインボイス

本会は、資格制度を設けており、当該資格制度に関して、申請料・受験料・登録料・更新料等の資格関連収入がありますが、インボイスの交付に関して、適格請求書と適格簡易請求書のどちらを交付するのでしょうか。

資格制度に関しては、氏名を確認した上で、個別に審査・採点・合否判定・登録等を行っているため、適格簡易請求書ではなく、適格請求書を交付する方が望ましいと考えます。

なお、明らかに一般消費者を対象とした資格の場合は、そもそもインボイスを交付する義務はありません。

解説

不特定かつ多数の者に資産の譲渡等を行う事業については、適格簡易請求書を交付することができます（新消法57の4②、新消令70の11）。そして、不特定かつ多数の者に資産の譲渡等を行う事業であるかどうかは、個々の事業の性質により判断することになります。

事業の性質上、事業者がその取引において、氏名等を確認するものであったとしても、相手方を問わず広く一般を対象に資産の譲渡等を行っている事業については、適格簡易請求書を交付することができるとされています。一方、取引の相手方について資産の譲渡等を行うごとに特定することを必要とし、取引の相手方ごとに個別に行われる取引であることが常態である事業については、適格簡易請求書を交付することはできないことになっています（インボイスQ&A《適格簡易請求書の交付ができる事業》）。

資格制度の場合、相手方を問わず広く一般を対象に審査・採点・合否判定・登録等を行っているため、不特定かつ多数の者を対象とした取引と考えることもできますが、その一方で、氏名を確認した上で、個別に審査・採点・合否判定・登録等を行っているため、相手方を特定し、相手方ごとに個別に行われている取引であると考えることもできます。資格制度に関しては、不特定かつ多数を対象とした取引か否か、判断が分かれるところであるため、適格簡易請求書ではなく、適格請求書を交付する方が望ましいと考えます。

なお、明らかに一般消費者を対象とした資格の場合は、そもそもインボイスを交付する義務はありません。

申請者・受験者・登録者とインボイスの対応

申請者・受験者・登録者	インボイスの対応
事業者	資格制度の場合、氏名を確認し、個別に審査・採点・合否判定・登録等を行っているため、適格請求書を交付する方が望ましいと考えます。
一般消費者	インボイスを交付する義務はありません。

資格関連収入の中には、従来、申請者・受験者・登録者に対して領収書を交付していないケースもあると思われます。このように領収書を交付していなかったケースにおいて、一律にインボイスの交付を行うことになると、事務負担が増えることになります。

インボイス制度が開始したとしても、すべての申請者・受験者・登録者がインボイスを必要とするわけではありません。消費税が関係ない一般消費者や免税事業者、みなし仕入率で仕入税額を計算する簡易課税の事業者や2割特例の適用事業者については、インボイスは関係ありません。また、令和5年度税制改正により、基準期間における課税売上高が1億円以下又は特定期間における課税売上高が5,000万円以下である事業者については、令和5年10月1日から令和11年9月30日までの期間、1万円未満の課税仕入についてインボイスがなくても仕入税額控除が可能となったため（28年改正法附則53の２、30年改正令附則24の２①）、１万円未満の資格関連収入であれば、インボイスを求められない可能性もあります。

インボイスの交付義務とは、課税事業者から求められた場合に交付する義務です。そのため、大部分の申請者・受験者・登録者についてインボイスが不要と思われるようなケースにおいては、求められた場合のみ交付するというのも一つの対応であると考えます。他方で、求められた都度、対応する方が煩雑になるというケースにおいては、一律に交付することになると考えます。

相手方のインボイスの要否に関係なく、一律にインボイスを交付する対応にするのか、それとも求められた場合のみ個別にインボイスを交付する対応にするのか、いずれの対応が望ましいのかを検討することになります。

ケース別のインボイスの対応

申請者・受験者・登録者	インボイスの対応
申請者・受験者・登録者が基本的に事業者であると思われるケース	基本的には、一律にインボイスを交付する対応が望ましいと考えます。
申請者・受験者・登録者の中に事業者と一般消費者が混在していると思われるケース	一律にインボイスを交付する対応が望ましいのか、求められた場合のみ交付する対応が望ましいのかを検討します。
申請者・受験者・登録者が基本的に一般消費者であると思われるケース	基本的には、インボイスを交付せず、求められた場合のみ交付する対応もあると考えます。

なお、インボイスを交付する場合、受験料であれば合否通知と併せて交付する対応や、登録料や更新料であれば登録証と併せて交付する対応が考えられます。

３万円未満の取引と申請料・受験料・登録料・更新料等のインボイス

インボイス制度開始前までは、３万円未満の取引について請求書等がなくても仕入税額控除を行うことができましたが、インボイス制度開始後においては、当該３万円未満の規定が廃止されます。その結果、インボイス制度開始前までは、３万円未満の申請料・受験料・登録料・更新料等について申請者・受験者・登録者側で領収書がなくても仕入税額控除を行うことができましたが、インボイス制度開始後は、インボイスがない限り、申請者・受験者・登録者側で仕入税額控除を行うことができなくなります。

そのため、従来、申請者・受験者・登録者から領収書を求められてこなかった場合であっても、インボイス制度開始後においては、インボイスを求められる可能性があるため、ご留意ください。

なお、令和５年度税制改正により、基準期間における課税売上高が１億円以下又は特定期間における課税売上高が5,000万円以下である事業者については、令和５年10月１日から令和11年９月30日までの期間、１万円未満の課税仕入についてインボイスがなくても仕入税額控除が可能となったため、１万円未満の資格関連収入であれば、インボイスを求められない可能性も考えられます。

3-18

受講料等のキャンセル返金

本会は、講習会の受講料を前受していますが、キャンセルによって返金するケースがよくあります。このような場合のインボイスの対応は、どのようにすればよいのでしょうか。

受講料を前受した時点でインボイスを交付するのではなく、実際に受講した時点でインボイスを交付するのが望ましいと考えます。実際に受講した者に対してインボイスを交付しておけば、仮に受講前の返金が発生したとしても、返金の際、インボイスの対応を気にする必要がなくなります。

解説

実務上、講習会の受講料を前受するようなケースはよくありますが、このような前受の受講料の場合、キャンセルによって前受した受講料を返金するようなケースもよく出てきます。

仮に受講料を前受した時点で領収書を交付しているような場合、キャンセルによる返金が発生した際、一度交付した領収書をどのように扱うのかという問題が出てきます。

インボイス制度では、売上げに係る対価の返還等に関して、適格返還請求書を交付する義務がありますが、売上げに係る対価の返還等とは、値引き・返品・割戻です。キャンセルによる返金は売上げに係る対価の返還等ではなく、役務提供前の前受金を返金したにすぎません。そのため、適格返還請求書を交付するようなケースではないといえます。

そもそもインボイスは、課税資産の譲渡等を行った場合に交付義務があるものであるため、役務提供前にインボイスを交付する義務はありません。そのため、前受の受講料に関しては、実際に受講した時点においてインボイスを交付するのが望ましいと考えます。たとえば、講習会の会場において領収書を交付する対応や、受講修了証と併せて領収書を交付する対応が考えられます。

このように、実際に受講した者に対してインボイスを交付しておけば、仮に受講前の返金が発生したとしても、返金の際、インボイスの対応を気にする必要がなくなります。

3-19

キャンセル返金時の振込手数料

本会は、講習会の受講料を前受していますが、キャンセルによって前受した受講料を返金するケースがよくあります。この際、振込手数料を差し引いて返金していますが、インボイスの対応はどのようになるのでしょうか。

差し引いた振込手数料については、立替金精算書等を交付しない限り、原則として、相手方において仕入税額控除を行うことができなくなりますが、振込手数料に係る消費税の影響額は少額であるため、どこまで対応するのかは、ケースバイケースで判断することになると考えます。

解説

実務上、キャンセルにより返金する際、振込手数料を差し引いて返金するようなケースはよくあります。なぜなら、キャンセルによる返金は、相手方の都合により返金するものであり、返金する際には返金側で振込手数料を支払う必要があるためです。

たとえば、10,000円の受講料に関して、振込手数料660円を差し引いた上で、10,000円－660円＝9,340円を返金した場合、返金側（非営利団体側）の会計処理としては、次のようになります。

返金側（非営利団体側）の会計処理

借　方	金　額	貸　方	金　額
前受金（受講料）	10,000円	現金預金	9,340円
		立替金（支払手数料）	660円
立替金（支払手数料）	660円	現金預金	660円

この場合、振込手数料660円は、相手方の負担を前提としているため、立替金扱いとなります。そして、10,000円の前受金を返金する際、立替金660円を差し引いて9,340円を返金しているため、返金側の費用は発生しません。

他方で、返金を受ける側の会計処理としては、次のようになります。

返金を受ける側の会計処理

借　方	金　額	貸　方	金　額
現金預金	9,340円	前払金（受講料）	10,000円
支払手数料	660円		

受講料の前払金は10,000円ですが、振込手数料660円が差し引かれて9,340円の返金があったため、差額である660円は費用（支払手数料）となります。

この場合、振込手数料660円について、仕入税額控除を行うためには、返金側が返金を受ける側に対して、振込手数料に関する立替金精算書及び立替払いした振込手数料のインボイスを交付する必要があります。なお、返金側がATMを使用して返金した場合は、自動販売機特例によりインボイスがなくても仕入税額控除が可能となりますが、その場合は、どのATM（金融機関名・支店名）を使用したのかという情報が必要となるため、返金側が返金を受ける側に対して、ATMの情報を提供する必要があります。

そのため、返金を受ける側が振込手数料について仕入税額控除を行うためには、返金側（非営利団体側）において、一定の事務負担（立替金精算書等の交付又はATMの情報の提供）が生じることになります。

振込手数料に関するインボイスの対応に関しては、まず、返金を受ける側が、そもそもインボイスを必要としているかどうかという点が重要となります。

仮に、相手方が一般消費者であれば、インボイスは関係ありません。また、相手方が事業者であったとしても、免税事業者や簡易課税の事業者、2割特例の適用事業者であれば、インボイスは関係ありません。

なお、仮に相手方がインボイスを必要とする事業者であったとしても、振込手数料に係る消費税額は少額であるため、仕入税額控除を行うために、返金側（非営利団体側）に対して、立替金精算書等を求めてくるのかどうかという点があります。

そのため、振込手数料について、インボイスの対応を行うべきか否かは、相手方の要望と返金側（非営利団体側）の事務負担を勘案の上、ケースバイケースで判断することになると考えます。

ATMと自動販売機特例の記載事項

3万円未満の自動販売機等の取引については、特例によりインボイスがなくても仕入税額控除を行うことができますが、その際には、帳簿のみの保存で仕入税額控除が認められる旨と、仕入の相手方の住所又は所在地の記載が必要になります（新消法30⑦、新消令49①、新消規15の4一、新消規26の6一）。

公共交通機関特例や従業員等の出張旅費特例と異なり、自動販売機特例の場合は、住所又は所在地の記載が必要になります。そのため、ATMの振込手数料に関して自動販売機特例を適用する場合は、ATMに関する情報（金融機関名・支店名）が必要になります。

返金の事務手数料を売上として処理する場合

返金の際に差し引いた金額について、振込手数料の立替払いではなく、返金の事務手数料（売上）として処理する方法も考えられます。この場合、差し引いた金額は、返金側にとっての事務手数料（売上）となるため、当該売上に対してインボイスの交付義務が生じることになります。そして、返金を受ける側は、返金の事務手数料について、インボイスの交付を受けるため、仕入税額控除を行うことができます。

一般的に、差し引いた金額を返金の事務手数料（売上）として処理する方法は、振込手数料の実費を上回る一定金額を事務手数料として差し引くような場合（すなわち、一定の利益を得るような場合）に採用する方法であると考えられます。他方で、単に振込手数料の実費を差し引くような場合（すなわち、利益が出ないような場合）、返金の事務手数料（売上）として処理する方法は、返金側にとって、利益が出ないにもかかわらず、課税売上が増加し、インボイスの交付義務が生じることになるため、採用しないと思われます。

3-20

売上から差し引かれた振込手数料

売上の入金に関して、振込手数料相当額が差し引かれた場合、インボイスの対応はどのようになるのでしょうか。

令和５年度税制改正により、売上げに係る対価の返還等が１万円未満の場合は適格返還請求書の交付義務が免除されたため、差し引かれた振込手数料相当額について売上値引きとして扱えば、特にインボイスの対応は必要ありません。

解説

売上の入金に関して、実務上、振込手数料相当額が差し引かれて入金される場合があります。たとえば、10,000円の売上入金に関して、振込手数料相当額660円が差し引かれ、9,340円が入金されるような場合です。

このような場合、差し引かれた振込手数料相当額について、費用処理する方法が考えられますが、費用処理する方法の場合、売上先から振込手数料相当額に関するインボイスを交付してもらう必要があるため、現実的ではありません。なお、相手方がATMによる振込を行った場合、自動販売機特例によりインボイスが不要となりますが、この場合は、どのATM（金融機関名・支店名）を使用したのかという情報が必要となります。また、基準期間における課税売上高が１億円以下又は特定期間における課税売上高が5,000万円以下である事業者に該当する場合は、令和５年10月１日から令和11年９月30日までの間、１万円未満の課税仕入について、インボイスが不要となりますが（28年改正法附則53の２、30年改正令附則24の２①）、この場合は、課税仕入（振込手数料）の相手先として、どの金融機関を使用したのかという情報が必要となります。そのため、いずれの方法であったとしても、売上先から情報を提供してもらう必要があるため、現実的ではありません。

他方で、差し引かれた振込手数料相当額について、売上値引きとして処理する方法が考えられます。この場合、売上げに係る対価の返還等となるため、原則として適格返還請求書の交付が必要となりますが、令和５年度税制改正により、売上げに係る対価の返還等が１万円未満の場合については、適格返還請求書の交付義務が免除されました（新消法57の４③、新消令70の９③二）。

そのため、差し引かれた振込手数料相当額について売上値引きとして扱えば、特にインボイスの対応は必要ありません。

なお、差し引かれた振込手数料相当額について、会計処理上、売上値引きではなく、振込手数料として処理しているケースがありますが、仮に会計処理上、振込手数料として処理していたとしても、消費税法上は、売上げに係る対価の返還等として扱って差し支えありません（財務省「インボイス制度の負担軽減措置のよくある質問とその回答」問18）。

売上の入金と差し引かれた振込手数料

民法においては、買手側（債務者側）が弁済の費用を負担するのが原則になっています（民法485）。そのため、代金（債務）を支払う際の振込手数料は、両者の合意がない限り、買手負担となります。売手側の合意がないにもかかわらず、一方的に振込手数料を差し引くこと（売手負担とすること）は認められていません。

そのため、売手側の合意がないにもかかわらず、一方的に振込手数料相当額が差し引かれた取引については、会計上や税務上の扱いを検討する前に、振込手数料の負担のあり方について、買手側に確認することが重要であると考えます。

3-21

決済代行会社とインボイス

本会は、セミナーや講習会の受講料を集めるにあたって決済代行会社を利用していますが、インボイスの対応に関して、どのような点が重要となるのでしょうか。

事業者向けのセミナーや講習会の場合、インボイスの交付が必要となるため、決済代行会社側でインボイスの対応を行うのか否かを確認しておくことが重要となります。

解説

受講料を集めるにあたって決済代行会社を利用しているケースにおいては、インボイスの対応をどこが行うのかという点が重要となります。

決済代行会社でインボイスの対応（代理で非営利団体名のインボイスの交付）を行うのであれば、改めて事務局でインボイスの対応を行う必要はありませんが、決済代行会社でインボイスの対応を行わない場合は、別途、事務局でインボイスの対応を行う必要が出てきます。

一般消費者向けのセミナーや講習会で、もともとインボイスの交付が関係ないケースであればインボイスの対応を気にする必要はありませんが、事業者向けのセミナーや講習会など、インボイスの交付が関係してくるケースにおいては、決済代行会社側でインボイスの対応まで行うのか否かを確認しておくことが重要となります。

決済代行会社において非営利団体名のインボイスを交付する場合

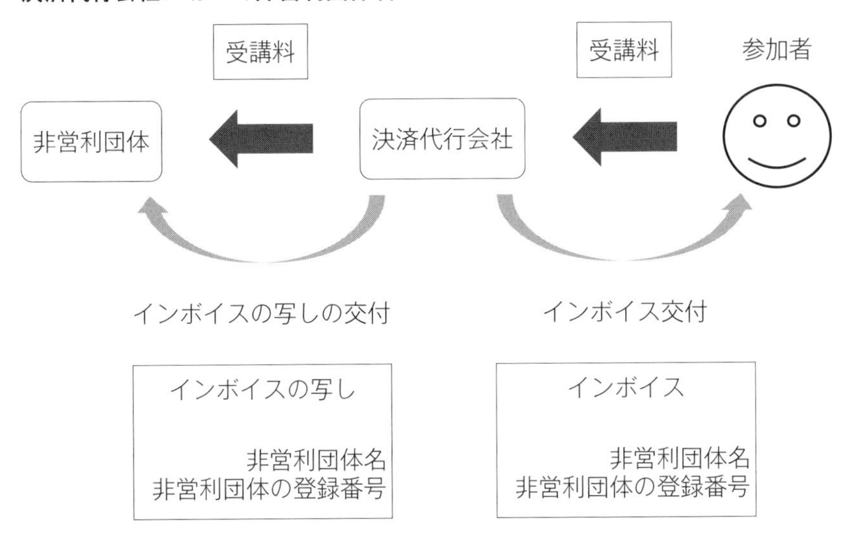

なお、上記の例では代理交付を前提としていますが、媒介者交付特例の要件を満たせば、決済代行会社名と決済代行会社の登録番号でインボイスを交付することもできます（媒介者交付特例については、Q3－12をご参照ください）。

3-22

学術集会の参加料とインボイス

本会は学術団体（学会）であり、毎年総会のタイミングに合わせて学術集会を開催していますが、学術集会の参加料について、インボイスの対応はどのようになるのでしょうか。

学術集会の参加料について、会員は不課税取引となるため、会員に対してはインボイスを交付しませんが、非会員は課税取引となるため、非会員に対しては原則としてインボイスを交付する必要があります。

解説

学術集会の参加料については、会員と非会員で課税区分が異なります。一見すると、学術集会の参加料は学術集会に参加するための対価であり、課税取引のように考えられますが、会員の場合、不課税取引となります（次の「国税庁」の資料参照）。そのため、会員に対してはインボイスを交付しません。

消費税一問一答　平成10年　国税庁（TAINS消費事例001161）

年会（学術集会、研究発表集会等）の参加費
会員の参加費は、不課税。非会員の参加費は課税。
イ　会員の参加費について
　学会の年会、学術集会、研究発表集会等は、当該学会の会員が、研究発表、討論を通じ、その分野の研究の進展、会員相互の交流等を図る目的で開催するものである。
　参加した会員は、結果として最新の学術情報を入手でき、また、発表者にとっては、研究発表の機会を得ることができるとしても、特定の個人の利益のためのものというものではなく、学会としての組織的活動の一環として催される行事である。
　したがって、学会の会員が年会等への参加に際して支払うこととなる参加費は、明白な対価性が認められないから、不課税である。
　また、この参加費の支払によって、懇親会への参加、予稿集の配本を受けられるとしても、その対価として収受することが明白でなく、全体として集会の費用をまかなうものである限り同様に取り扱う。
ロ　非会員の参加費
　会員の参加費を不課税と取り扱うのは、基通５－５－３《会費、組合費等》（注）１を適用するものであり、その対象はあくまで同業者団体、組合等の構成員に負担させる会費である。したがって、学会の構成員以外である非会員の参加費については、基通５－５－３（注）１を適用することはできないのである。
　そうすると、非会員の参加費は、当該参加費と学会が非会員に対して行う役務の提供等との対価関係により判断すべきこととなる。
　そこで、非会員の参加費を判断すると、非会員の参加費は、年会等へ参加することの対価であることは明白であり、課税である。
　なお、非会員の参加費が会員の参加費と同額であっても、非会員の参加費は、年会等へ参加することの対価に変わりない以上課税となる。

出所：TAINS（情報公開法第９条第１項による開示情報）

他方で、非会員の参加料は課税取引となるため、参加者が事業者であれば、インボイスを交付する必要があります。

なお、インボイスを交付する場合、適格請求書を交付するのか、適格簡易請求書を交付するのかという論点があります。

不特定かつ多数の者に資産の譲渡等を行う事業については、適格簡易請求書を交付することができます（新消法57の４②、新消令70の11）。そし

て、不特定かつ多数の者に資産の譲渡等を行う事業であるかどうかは、個々の事業の性質により判断することになります。

資産の譲渡等を行う者が資産の譲渡等を行う際に相手方の氏名又は名称等を確認せず、取引条件等をあらかじめ提示して相手方を問わず広く資産の譲渡等を行うことが常態である事業は、不特定かつ多数の者に資産の譲渡等を行う事業に該当します。たとえば、学術集会の当日の受付において、相手の氏名又は名称を確認せずに参加料を集めているような場合は、適格簡易請求書を交付することができます。

他方で、学術集会の場合は大規模となるため、事前申込を前提として、申込の際に氏名等を確認するのが一般的です。

このような場合、相手方の氏名等を確認した上で参加料を集めているため、不特定かつ多数の者に資産の譲渡等を行う事業に該当するのか否かという点が問題となりますが、「事業の性質上、事業者がその取引において、氏名等を確認するものであったとしても、相手方を問わず広く一般を対象に資産の譲渡等を行っている事業（取引の相手方について資産の譲渡等を行うごとに特定することを必要とし、取引の相手方ごとに個別に行われる取引であることが常態である事業を除きます。）」であれば、不特定かつ多数の者に資産の譲渡等を行う事業に該当するとされています（インボイスQ&A《適格簡易請求書の交付ができる事業》）。

そのため、仮に氏名等の確認をしていたとしても、相手方の特定をしていないような場合は、不特定かつ多数の者に資産の譲渡等を行う事業に該当し、適格簡易請求書を交付することができます。

学術集会の場合は大規模となるため、事前申込を前提として、申込の際に氏名等を確認していますが、参加にあたって個人を特定しているわけではないと考えられるため、このような場合は、たとえ氏名等を確認していたとしても、適格簡易請求書を交付することができると考えます。

参加者とインボイスの対応

<table>
<tr><th colspan="2">参加者</th><th>インボイスの対応</th></tr>
<tr><td colspan="2">会員（不課税取引）</td><td>不課税取引のため、インボイスを交付しません。</td></tr>
<tr><td rowspan="2">非会員
（課税取引）</td><td>事業者</td><td>適格簡易請求書を交付します。仮に、氏名等を確認している場合であっても、適格簡易請求書を交付することができると考えます。</td></tr>
<tr><td>事業者以外</td><td>インボイスを交付する義務はありません。</td></tr>
</table>

なお、学術集会の参加料に関して、事業者でない個人が支出している場合、インボイスは必要ありません。他方で、学術集会への参加料に関して、所属している組織等（事業者）が実質的に支出している場合、インボイスが必要となります。

インボイスの交付義務とは、課税事業者から求められた場合に交付する義務であるため、大部分が事業者でない可能が高いのであれば、一律に交付するのではなく、求められた場合のみ交付するという考え方もあります。しかしながら、学術集会は参加人数が多いため、求められた都度、交付する方が煩雑になる可能性があります。

学術集会の場合、ウェブサイト上で参加の申込と参加料の支払い手続を行い、領収書を電子データで交付（たとえば、ウェブサイト上で領収書データをダウンロード）するようなケースも多いため、システム対応が可能であれば、一律に領収書を交付する対応が考えられます。また、当日参加する場合に関しても、参加証と領収書を一体として交付することで、一律に領収書を交付する対応が考えられます。

通常、学術集会の運営はコンベンション会社に委託しているケースが多いため、インボイスの対応もコンベンション会社が対応することになると考えられます。そのため、学術集会におけるインボイスの対応をどのような形で行うのかについて、コンベンション会社と事前にすり合わせしておくことが重要といえます。

3-23

学術集会の総会長名によるインボイスの交付

学術集会の請求書や領収書を交付する際、学術集会の総会長名で交付していますが、問題ないでしょうか。

学術集会の総会長名で請求書や領収書を交付しても問題ありません。

解説

インボイスには、適格請求書発行事業者の氏名又は名称を記載する必要がありますが、当該名称に関しては、適格請求書発行事業者であることを特定することができるのであれば、屋号や省略した名称でも差し支えないとされています(インボイスQ&A《屋号による記載》)。

学会が学術集会を行う際の請求書や領収書に関して「第○回○○学会・学術集会 総会長○○○○」という形で交付する場合がよくありますが、このような場合であっても、「○○学会」であると特定することができるため、学会の登録番号を記載していれば問題ありません。

学術集会の請求書の記載例

請求書

○年○月○日

株式会社○○御中

第○回○○学会・学術集会　総会長○○○○

T1234567890123

請求金額　1,100,000円

年月日	内容	金額
○年○月○日～○月○日	出展料 展示ブースA	500,000円
○年○月○日～○月○日	出展料 展示ブースB	500,000円
	税抜金額合計（10%対象）	1,000,000円
	消費税額（10%対象）	100,000円
	税込金額合計（10%対象）	1,100,000円

3-24

他団体との共同事業におけるインボイスの交付

本会は、他の非営利団体と共同で事業を実施しています。このような共同事業において、インボイスを交付するためには、どのような要件を満たす必要がありますか。

共同事業においてインボイスを交付するためには、共同事業を行うすべての団体が適格請求書発行事業者である必要があり、すべての団体が適格請求書発行事業者である旨について、税務署長に届出する必要があります。

解説

複数の団体が共同で事業を実施する場合、民法上の任意組合に該当するケースがあります。任意組合に該当する場合、インボイスを交付するためには、次の要件を満たす必要があります（新消法57の6①、新消令70の14①②）。

任意組合がインボイスを交付するための要件

①	組合員のすべてが適格請求書発行事業者であること。
②	業務執行組合員が、納税地を所轄する税務署長に「任意組合等の組合員の全てが適格請求書発行事業者である旨の届出書」を提出すること。

なお、任意組合のインボイスに関しては、原則として組合員全員の名称を記載しますが、次の事項を記載することも認められています（新消令70の14⑤）。

記載が認められている事項

①	その任意組合等の、いずれかの組合員の「氏名又は名称及び登録番号」（一又は複数の組合員の「氏名又は名称及び登録番号」で差し支えありません。）
②	その任意組合等の名称

共同事業（任意組合）の請求書の記載例

請求書

○年○月○日

株式会社○○御中

○○学会・△△学会 合同委員会

一般社団法人○○学会 T1234567890123

一般社団法人△△学会 T0123456789012

請求金額　1,100,000円

年月日	内容	金額
○年○月○日	○○調査研究費	500,000円
○年○月○日	△△調査研究費	500,000円
	税抜金額合計（10%対象）	1,000,000円
	消費税額（10%対象）	100,000円
	税込金額合計（10%対象）	1,100,000円

他の非営利団体と共同で事業を実施する際、民法第667条第１項に規定する組合契約を締結しているケースもありますが、一方で、特に契約書を締結せずに実施しているケースもあります。組合契約に関しては、明示的な契約のみならず、黙示の合意でもよいとされているため、仮に契約書がなかったとしても、法律的には組合契約（任意組合）の位置づけ

で共同事業を実施しているようなケースがあると思われます。

たとえば、複数の学術団体が委託者（企業）からの委託を受けて、共同研究を行うケースなどがあります。このような場合、委託者（企業）側にとって、受託者側である複数の学術団体（任意組合）がインボイスを交付できるのか否かが重要となります。

任意組合においてインボイスを交付するためには、任意組合の組合員のすべてが適格請求書発行事業者である必要があります。そのため、任意組合においてインボイスを交付する場合、それぞれの団体において、次の対応が必要となります。

任意組合においてインボイスを交付する場合の対応

団　体	対　応
構成員となる団体	適格請求書発行事業者の登録を行った上で、幹事となる団体に対して、登録番号を通知します。
幹事となる団体（業務執行組合員）	構成員となる団体がすべて適格請求書発行事業者であることを確認した上で、納税地を所轄する税務署長に対して「任意組合等の組合員の全てが適格請求書発行事業者である旨の届出書」を提出します。
	どのような様式で共同事業のインボイスを交付するのか、インボイスの様式を事前に検討します。
	共同事業のインボイスを交付し、その写しを保存します。

なお、任意組合の中には、事業収益（課税売上）が小規模のため、免税事業者になっている組合員が含まれているようなケースもあると思われます。このような場合、組合員のすべてが適格請求書発行事業者ではないため、任意組合としてインボイスを交付することができません。そのため、このような場合は、免税事業者の組合員に適格請求書発行事業者になってもらうのか、それとも委託者側に仕入税額控除の制限を受け入れてもらうのか、委託者側と任意組合側で事前に検討しておくことが重要となります。

委託者側の仕入税額控除と免税事業者の組合員側の消費税負担の関係

	委託者	免税事業者の組合員
免税事業者の組合員に適格請求書発行事業者（課税事業者）になってもらう場合	任意組合としてインボイスを交付することができるため、委託者側で仕入税額控除を行うことができます。	今後は、課税事業者として消費税負担が発生することになります。
免税事業者の組合員がそのまま免税事業者として継続する場合	任意組合としてインボイスを交付することができないため、委託者側で仕入税額控除が制限されます。	免税事業者として継続するため、消費税負担は発生しません。

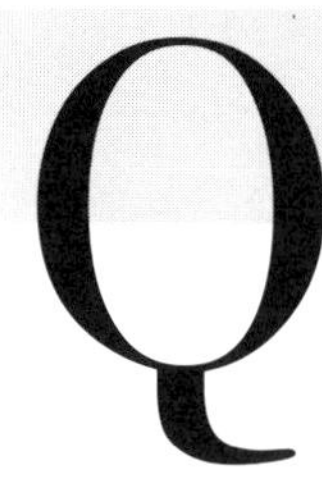

3-25

支部におけるインボイスの対応

本会は、本部のほかに支部がありますが、その際のインボイスの対応について教えてください。

本部と支部を一つの組織として扱っているケース（会計・税務申告を合算しているケース）においては、本部と支部で情報共有を図り、一つの組織としてインボイスの対応を行うことが重要となります。

他方で、本部と支部をそれぞれ別の組織として扱っているケース（会計・税務申告を別々に行っているケース）においては、それぞれの組織ごとにインボイスの対応を行うことになります。このようなケースにおいては、本部の登録番号を支部の請求書や領収書に記載しないようにご留意ください。

解説

本部と支部の関係は、非営利団体によってケースバイケースです。たとえば、本部と支部を一つの組織として扱っているケースもあれば、本部と支部をそれぞれ別の組織として扱っているケースもあります。

1　本部と支部を一つの組織として扱っているケース

本部と支部を一つの組織として扱っているケースにおいては、会計や税務申告に関して、本部と支部を合算しているため、インボイスの対応も一つの組織として本部と支部が同じように対応する必要があります。

そのため、このようなケースにおいては、インボイスの対応に関して、本部と支部で情報共有を図っておくことが重要となります。

たとえば、請求書や領収書の様式が本部と支部で異なっているような場合、インボイス制度の導入を機に、非営利団体内で請求書や領収書の様式を統一するという対応も考えられます。

2　本部と支部をそれぞれ別の組織として扱っているケース

本部と支部をそれぞれ別の組織として扱っているケース、たとえば、本部に関しては一般社団法人になっているものの、支部に関しては本部とは別の任意団体として位置づけているようなケースがあります。このような場合、会計や税務の扱いも、それぞれ別の組織としての扱いとなるため、インボイスの対応も本部と支部がそれぞれ別々に行うことになります。

このようなケースにおいて、たとえば、本部（一般社団法人）は適格請求書発行事業者の登録を行ったものの、支部（任意団体）は免税事業者のため、適格請求書発行事業者の登録を行わないようなケースもあると思われます。

このような場合、適格請求書発行事業者の登録を行っていない支部（任意団体）において、適格請求書発行事業者の登録を行っている本部（一般社団法人）の名称及び登録番号を記載した請求書を交付しないようにご留意ください。

本部と支部のインボイスの対応

本部と支部の扱い	会計・税務	インボイスの対応
本部と支部を一つの組織として扱っているケース	会計・税務申告を合算しています。	一つの組織として、同じ登録番号を記載したインボイスを交付します。
本部と支部をそれぞれ別の組織として扱っているケース	会計・税務申告を別々に行っています。	それぞれ別々にインボイスの対応を行います。この場合、支部の請求書や領収書に、本部の登録番号を記載しないようにご留意ください。

3-26

入金日とインボイスの対応

インボイス制度は令和５年10月１日から開始するため、令和５年10月１日以後の収入取引について、インボイスの対応をすればよいのでしょうか。

インボイス制度は、令和５年10月１日以後の課税資産の譲渡等から適用されます。インボイス制度の開始は、収入の日ではなく、課税資産の譲渡等の日で判断するため、収入の日が令和５年９月30日以前であっても、課税資産の譲渡等の日が令和５年10月１日以後であれば、インボイスを交付する必要があります。

解 説

非営利団体は、比較的小規模な団体が多いため、会計処理を期中現金主義で行っているようなケースがよくあります。そのため、日付に関しては、収支の日を基準に考えてしまう傾向がありますが、インボイス制度の適用開始時期は、あくまで課税資産の譲渡等の日で考えます。

たとえば、令和５年10月１日以後に開催予定のセミナーの受講料について、令和５年９月30日以前に前受するような場合、収入の日はインボイス制度開始前ですが、課税資産の譲渡等は令和５年10月１日以後のため、登録番号の記載が必要になります。

他方で、令和５年９月30日以前に販売した出版物に関して、令和５年10月１日以後に入金があるような場合、収入の日はインボイス制度開始後ですが、課税資産の譲渡等は令和５年９月30日以前のため、登録番号の記載は必要ありません。

なお、令和５年10月１日からインボイスの交付を行う場合、事前に登録申請を行い、令和５年９月30日以前に適格請求書発行事業者としての登録通知（登録日：令和５年10月１日）を受けているケースが多いと思われます。そして、既に適格請求書発行事業者の登録通知を受けているのであれば、令和５年９月30日以前であっても、登録番号を記載したインボイスの形式で請求書や領収書を交付しても問題ありません（インボイスQ&A《令和５年９月30日以前の請求書への登録番号の記載》）。

実務上、令和５年９月30日以前の取引か、令和５年10月１日以後の取引かによって、請求書や領収書の様式を変更するのは煩雑であると思われます。そのため、あらかじめ適格請求書発行事業者としての登録通知を受けているのであれば、令和５年９月30日以前であっても、登録番号を記載したインボイスの形式で請求書や領収書を交付するのが望ましいと考えます。

3-27

非営利団体における税額計算

非営利団体において税額計算を行う場合、積上げ計算と割戻し計算のどちらを選択した方がよいのでしょうか。

積上げ計算と割戻し計算の選択に関しては、消費税額の有利・不利の影響と事務負担の影響を考慮の上、ケースバイケースで判断することになりますが、課税売上の取引件数がそれほど多くない非営利団体の場合、積上げ計算よりも割戻し計算を選択するケースが多いと思われます。

解説

消費税の計算方法には、積上げ計算と割戻し計算があり、それぞれ有利・不利があります（積上げ計算と割戻し計算の詳しい内容については、Q1－19をご参照ください）。

売上側で積上げ計算を行う場合、請求書単位で端数処理を行うため、消費税の端数処理について、切捨てを前提とすると、有利な計算方法といえます。

たとえば、課税売上の取引件数が100万件ある場合、積上げ計算の方式であれば、売上の消費税の端数処理を100万回行うことになるため、端数処理による影響額が大きくなります。そのため、少額・大量の取引を行う小売業のような場合、積上げ計算を行うメリットは大きいといえます。

他方で、非営利団体の場合、課税売上の取引件数は、それほど多くないのが一般的です。たとえば、課税売上の取引件数が1万件の場合、売上の消費税の端数処理も1万回にすぎません。売上側を積上げ計算した場合は、仕入側も積上げ計算することになるため、課税仕入の取引件数（端数処理の回数）と比べて、課税売上の取引件数（端数処理の回数）があまり多くない場合、最終的な消費税額に与える影響も大きくありません。また、積上げ計算するためには、請求書単位で消費税額を積上げ計算する必要がありますが、当該積上げ計算に関して、システム対応していない場合、集計するための事務負担も生じることになります。そのため、課税売上の取引件数がそれほど多くない場合、積上げ計算のメリットはあまり大きくありません。

よって、課税売上の取引件数がそれほど多くない非営利団体の場合は、積上げ計算よりも割戻し計算を選択するケースが多いと思われます。

第4章 課税事業者（原則課税）の対応（仕入側）

非営利団体においては、個人に対する謝金の支払いなど、非営利団体特有の仕入取引があります。そのため、第４章では、非営利団体の実務において、よく出てくる支出取引を中心に、個別具体的な論点について解説します。

なお、簡易課税や２割特例を適用する非営利団体の場合、インボイスの有無は関係ないため、第４章の論点は関係ありません。

4-1

仕入取引における登録番号

インボイス制度開始後は、仕入の際に受け取った請求書や領収書について、どのような点を確認すればよいのでしょうか。

仕入の際に受け取った請求書や領収書について、登録番号が記載されたインボイス（適格請求書・適格簡易請求書）か否かを確認します。

解説

インボイス制度が開始する令和５年10月１日以後は、登録番号が記載されたインボイス（適格請求書・適格簡易請求書）か否かによって、仕入税額控除の有無が変わります。そのため、仕入の際に受け取った請求書や領収書について、まずは登録番号が記載されているインボイス（適格請求書・適格簡易請求書）か否かを確認する必要があります。

なお、請求書や領収書に記載されている登録番号が正しい番号とは限りません。法人の場合、登録番号はT+法人番号（13桁）の番号であるため、仮に登録をしていなかったとしても、T+法人番号（13桁）を記載することで、一見すると登録番号と誤認するような番号が記載されている可能性もゼロではありません。すなわち、偽造インボイスが交付されている可能性もゼロではありません。

登録番号が正しいか否かは、国税庁の適格請求書発行事業者公表サイトで確認することができます。そのため、仕入の際に受け取ったインボイス（適格請求書・適格簡易請求書）に記載された登録番号を当該公表サイトで検索すれば、正しい登録番号か否かを確認することができます。

ただし、すべての仕入取引に関して、その都度、登録番号が正しいか否かを確認するのは現実的ではないため、実務上は、合理的な範囲で確認作業を行うことになると考えます。

仕入先と適格請求書発行事業者公表サイトによる登録番号の確認

仕入先		登録番号の確認
事業規模等から鑑みて、明らかに登録事業者であると思われるような取引先（例：大企業等）		登録事業者であると思われるため、登録番号を確認する必要はないと考えます。
上記以外	継続的な取引先	一度確認しておけば、毎回、確認する必要はないと考えます。
	単発の取引先	金額的重要性等を考慮した上で確認するのが現実的であると考えます。

なお、令和５年度税制改正により、基準期間における課税売上高が１億円以下又は特定期間における課税売上高が5,000万円以下である事業者については、令和５年10月１日から令和11年９月30日までの期間、１万円未満の課税仕入についてインボイスがなくても仕入税額控除が可能となりました（28年改正法附則53の２、30年改正令附則24の２①）。そのため、当該事業者に該当する場合は、１万円未満の課税仕入について、インボイスか否かの確認は不要となります。なお、１万円未満か否かの判定は、１商品ごとの金額により判定するのではなく、１回の取引の合計額で判定します。

登録番号の自動確認機能付の証憑管理システム

会計ソフトベンダーが提供する証憑管理システムによっては、領収書や請求書をデジタルデータとして読み取ることで、記載されている登録番号を自動認識し、当該登録番号について、国税庁の公表サイトのWeb-API機能と連携することで、自動的に有効な登録番号か否かを確認する機能を有するものもあるようです。このような証憑管理システムを導入する場合は、手作業で登録番号を確認することなく、一律に登録番号を確認することが可能となります。

4-2

継続取引先の登録確認

インボイス制度開始前に、継続取引先の適格請求書発行事業者の登録の有無を確認する必要はあるのでしょうか。

継続取引先の適格請求書発行事業者の登録の有無によって、取引条件の見直し交渉を行う可能性がある場合は、インボイス制度開始前に、継続取引先の登録の有無を確認する必要があります。

解 説

インボイス制度開始後は、適格請求書発行事業者の登録がされていない取引先に対する支払いについて、仕入税額控除が制限されることになります。仮に継続取引先が適格請求書発行事業者の登録を行わない予定の場合、仕入税額控除が制限されるため、取引条件の見直し交渉を事前に行うことが考えられます。

そのため、事前に継続取引先に対して、適格請求書発行事業者の登録済みか否か、未登録の場合、登録する予定があるのか否かを確認しておくことが重要となります。

なお、一方的に取引先に対して、登録済みか否かを確認しにくい場合もあると思われます。そのような場合、取引先に対して登録番号を確認する方法として、非営利団体側において、あらかじめ適格請求書発行事業者の登録を行い、非営利団体側の登録番号を通知するのに併せて相手の登録番号を確認する方法が考えられます。

非営利団体側の登録番号の通知と相手方の登録番号の確認の文例

適格請求書発行事業者登録番号の通知とお願いにつきまして

○年○月○日

○○御中

公益社団法人○○協会

拝啓　ますますご清祥のこととお慶び申し上げます。平素より格別のご高配を賜り、厚く御礼申し上げます。

さて、令和５年10月１日から開始するインボイス制度に関して、当会の登録番号を通知いたします。恐れ入りますが、御社につきまして、既に登録番号を取得されていましたら、登録番号をお知らせください。現時点で登録番号を取得されていないようでしたら、今後の取得予定の有無について確認させてください。何卒、よろしくお願い申し上げます。

敬具

１．本会の登録番号

T-1234567890123

２．御社の登録番号につきまして

(1) 登録番号を既に取得されている場合

登録番号をメール等にてお知らせください。

(2) 登録番号を現時点で取得されていない場合

今後、登録番号の取得予定について確認させてください。

□　○年○月頃までに取得予定である。

→取得後に登録番号をメール等にてお知らせください。

□　取得予定はない。

なお、既に登録している可能性のある事業者については、適格請求書発行事業者公表サイトから検索することが可能です（Q 1 −17の「適格請求書発行事業者の検索」を参照）。

仮に、継続取引先が適格請求書発行事業者の登録を行わない場合、取引条件の見直し交渉を行う可能性が出てきますが、その際は優越的地位の濫用に留意する必要があります。

なぜなら、自己の取引上の地位が相手方に優越している一方の当事者が、取引の相手方に対し、その地位を利用して、正常な商慣習に照らして不当に不利益を与えることは、優越的地位の濫用として、独占禁止法上、問題となるおそれがあるからです。

インボイス制度を契機として取引条件を見直すことそれ自体が、直ちに問題となるものではありませんが、見直しに当たっては、「優越的地位の濫用」に該当する行為を行わないよう注意が必要です。

なお、交渉にあたっては、公正取引委員会のホームページにおいて公表している「免税事業者及びその取引先のインボイス制度への対応に関するQ&A」が参考となります。

免税事業者及びその取引先のインボイス制度への対応に関するQ&A

Q　仕入先である免税事業者との取引について、インボイス制度の実施を契機として取引条件を見直すことを検討していますが、独占禁止法などの上ではどのような行為が問題となりますか。

A　事業者がどのような条件で取引するかについては、基本的に、取引当事者間の自主的な判断に委ねられるものですが、免税事業者等の小規模事業者は、売上先の事業者との間で取引条件について情報量や交渉力の面で格差があり、取引条件が一方的に不利になりやすい場合も想定されます。

自己の取引上の地位が相手方に優越している一方の当事者が、取引の相手方に対し、その地位を利用して、正常な商慣習に照らして不当に不利益を与えることは、優越的地位の濫用として、独占禁止法上問題となるおそれがあります。

仕入先である免税事業者との取引について、インボイス制度の実施を契機として取引条件を見直すことそれ自体が、直ちに問題となるものではありませんが、見直しに当たっては、「優越的地位の濫用」に該当する行為を行わないよう注意が必要です。

―（中略）―

1　取引対価の引下げ

取引上優越した地位にある事業者（買手）が、インボイス制度の実施後の免税事業者との取引において、仕入税額控除ができないことを理由に、免税事業者に対して取引価格の引下げを要請し、取引価格の再交渉において、仕入税額控除が制限される分（注３）について、免税事業者の仕入れや諸経費の支払いに係る消費税の負担をも考慮した上で、双方納得の上で取引価格を設定すれば、結果的に取引価格が引き下げられたとしても、独占禁止法上問題となるものではありません。

しかし、再交渉が形式的なものにすぎず、仕入側の事業者（買手）の都合のみで著しく低い価格を設定し、免税事業者が負担していた消費税額も払えないような価格を設定した場合には、優越的地位の濫用として、独占禁止法上問題となります。

また、取引上優越した地位にある事業者（買手）からの要請に応じて仕入先が免税事業者から課税事業者となった場合であって、その際、仕入先が納税義務を負うこととなる消費税分を勘案した取引価格の交渉が形式的なものにすぎず、著しく低い取引価格を設定した場合についても同様です。

（注３）免税事業者からの課税仕入れについては、インボイス制度の実施後３年間は、仕入税額相当額の８割、その後の３年間は同５割の控除ができることとされています。

出所：財務省・公正取引委員会・経済産業省・中小企業庁・国土交通省「免税事業者及びその取引先のインボイス制度への対応に関するQ&A」Q７より一部抜粋

4-3

免税事業者等からの仕入

インボイス制度が開始する令和５年10月１日以後、適格請求書発行事業者以外の者（消費者、免税事業者又は登録を受けていない課税事業者）からの仕入については仕入税額控除が制限されるため、請求書や領収書を保存する必要はないのでしょうか。

適格請求書発行事業者以外の者（消費者、免税事業者又は登録を受けていない課税事業者）からの仕入であったとしても、令和５年10月１日から令和11年９月30日までは、一定割合について仕入税額控除を行うことができます（28年改正法附則52、53）。そのため、適格請求書発行事業者以外の者からの請求書や領収書であっても保存する必要はあります。

解 説

インボイス制度は令和５年10月１日から開始しますが、一定期間は、消費者や免税事業者、適格請求書発行事業者の登録を受けていない課税事業者からの課税仕入であったとしても、一定割合について仕入税額控除を行うことができます。

適格請求書発行事業者以外の者からの仕入に対する仕入税額控除について

期　間	仕入税額控除
令和５年９月30日まで	全額控除可能
令和５年10月１日～令和８年９月30日	80%控除可能
令和８年10月１日～令和11年９月30日	50%控除可能
令和11年10月１日以後	全額控除不可

そのため、登録番号が記載されていない請求書や領収書であったとしても保存が必要になります。具体的には、現行制度における区分記載請求書等と同様の記載事項が記載された請求書等の保存が必要となります。

経過措置の適用を受けるために必要な請求書等の記載事項

①	書類の作成者の氏名又は名称
②	課税資産の譲渡等を行った年月日
③	課税資産の譲渡等に係る資産又は役務の内容（課税資産の譲渡等が軽減対象資産の譲渡等である場合には、資産の内容及び軽減対象資産の譲渡等である旨）
④	税率ごとに合計した課税資産の譲渡等の税込価額
⑤	書類の交付を受ける当該事業者の氏名又は名称

※現行制度と同様、適格請求書発行事業者以外の者から受領した請求書等の内容について、③かっこ書きの「資産の内容及び軽減対象資産の譲渡等である旨」及び④の「税率ごとに合計した課税資産の譲渡等の税込価額」の記載がない場合に限り、受領者が自ら請求書等に追記して保存することが認められています。

経過措置の適用を受けるためには、上記の請求書の保存のほか、帳簿上において「経過措置の適用を受ける課税仕入れである旨」の記載が必要になるため、ご留意ください（**Q 1 －16**参照）。

なお、基準期間における課税売上高が１億円以下又は特定期間における課税売上高が5,000万円以下である事業者に該当する場合は、令和５年10月１日から令和11年９月30日までの期間、１万円未満の課税仕入についてインボイスがなくても仕入税額控除が可能ですが（28年改正法附則53の２、30年改正令附則24の２①）、証憑自体は法人税等の別の法律の観点から保存しておく必要があります。

また、経過措置期間終了後は、登録番号が記載されていない請求書や領収書について仕入税額控除ができなくなりますが、たとえ経過措置期間終了後であっても、証憑自体は、法人税等の別の法律の観点から保存しておく必要があります。

登録番号が記載されていない請求書等について

通常、登録番号が記載されていない請求書や領収書は、適格請求書発行事業者以外の者から交付されたものであるため、経過措置の対象になると考えられます。他方で、実際には適格請求書発行事業者であるものの、単純に登録番号の記載漏れをしている可能性もゼロではありません。

たとえば、事業者の規模から鑑みて明らかに消費税の課税事業者と思われるようなケースや、登録番号の記載がないにもかかわらず請求書において消費税額を記載しているようなケースの中には、単純に登録番号の記載漏れをしているケースが含まれている可能性があると考えます。

しかしながら、登録番号の記載漏れはあくまで可能性にすぎないため、「請求書に登録番号の記載がありませんが、登録番号の記載が漏れていることはないでしょうか」とは、なかなか聞きにくいところだと思われます。

国税庁の適格請求書発行事業者公表サイトは、事業者名から登録番号を検索することはできませんが、公開情報のダウンロードデータを使えば、事業者名（個人を除く）から登録番号を検索することができます。また、事業者が法人の場合、適格請求書発行事業者の登録番号はT+法人番号13桁であるため、法人番号公表サイトによって、法人名から法人番号を検索することが可能です。

そのため、登録番号の記載漏れが懸念されるようなケースにおいては、上記の方法により、適格請求書発行事業者か否かを確認し、もし、適格請求書発行事業者であるにもかかわらず、請求書や領収書上、登録番号の記載が漏れていることが明らかになった場合には、登録番号が記載された請求書や領収書（修正インボイス）を改めて交付するようにお願いすることになります。

4-4

インボイスがなくても仕入税額控除が認められる取引

現行制度では、3万円未満の取引について領収書や請求書の保存がなくても仕入税額控除が認められていますが、インボイス制度開始後も、同じように3万円未満の取引であれば、インボイスがなくても仕入税額控除が認められるのでしょうか。

インボイス制度開始によって、請求書等の保存がなくても仕入税額控除が認められる3万円未満の取引の規定は廃止され、その代わりとして、インボイスがなくても仕入税額控除が認められる取引の規定が新たに設けられました。

解説

インボイス制度開始後、請求書等の交付を受けるのが困難であると考えられる一部の取引（下記①から⑨の取引）については、インボイスがなくても、一定の事項を記載した帳簿のみの保存で仕入税額控除が認められています（新消法30⑦、新消令49①、新消規15の４）。

帳簿のみの保存で仕入税額控除が認められている取引

①	適格請求書の交付義務が免除される３万円未満の公共交通機関による旅客の運送
②	適格簡易請求書の記載事項（取引年月日を除きます。）が記載されている入場券等が使用の際に回収される取引
③	古物営業を営む者の適格請求書発行事業者でない者からの古物の購入
④	質屋を営む者の適格請求書発行事業者でない者からの質物の取得
⑤	宅地建物取引業を営む者の適格請求書発行事業者でない者からの建物の購入

⑥	適格請求書発行事業者でない者からの再生資源又は再生部品の購入
⑦	適格請求書の交付義務が免除される３万円未満の自動販売機及び自動サービス機からの商品の購入等
⑧	適格請求書の交付義務が免除される郵便切手類のみを対価とする郵便・貨物サービス（郵便ポストに差し出されたものに限ります。）
⑨	従業員等に支給する通常必要と認められる出張旅費等（出張旅費、宿泊費、日当及び通勤手当）

このうち、非営利団体において、よく行われると思われる取引は、「①３万円未満の公共交通機関の旅費」、「⑦３万円未満の自動販売機等の取引」、「⑧郵便切手」「⑨従業員等の通勤手当・出張旅費等」だと思われます。

現行制度においては、３万円未満の取引であれば、領収書や請求書がなくても仕入税額控除が認められていましたが、インボイス制導入後における３万円未満の基準は公共交通機関の旅費や自動販売機等の取引に限定されます。そのため、前記の①から⑨に該当しない限り、たとえ３万円未満の取引であってもインボイスが必要になります。

なお、基準期間における課税売上高が１億円以下又は特定期間における課税売上高が5,000万円以下である事業者に該当する場合は、令和５年10月１日から令和11年９月30日までの期間、１万円未満の課税仕入についてインボイスがなくても仕入税額控除ができます（28年改正法附則53の２、30年改正令附則24の２①）。１万円未満か否かの判定は、１商品ごとの金額により判定するのではなく、１回の取引の合計額で判定します。

３万円未満の取引と仕入税額控除

時　期	３万円未満の取引の扱い
令和５年９月30日まで	３万円未満の取引であれば、請求書の保存がなくても仕入税額控除ができます。
令和５年10月１日以後	３万円未満の基準は、公共交通機関の旅費・自動販売機等の取引に限定されました。そのため、前記①から⑨に該当しない限り、たとえ３万円未満の取引であっても、インボイスがない場合は、仕入税額控除ができなくなります。 なお、令和５年度税制改正により、基準期間における課税売上高が１億円以下又は特定期間における課税売上高が5,000万円以下である事業者に該当する場合は、令和５年10月１日から令和11年９月30日までの期間、１万円未満の課税仕入についてインボイスがなくても仕入税額控除ができます（28年改正法附則53の２、30年改正令附則24の２①）。

なお、前記①から⑨に関して、帳簿のみの保存で仕入税額控除を行うためには、通常必要な記載事項に追加して、次の事項の記載が必要となります。

帳簿のみの保存で仕入税額控除を行う場合に、追加で記載が必要となる事項

<table>
<tr><td>特例に該当する旨</td><td>「帳簿のみの保存で仕入税額控除が認められるいずれかの仕入れに該当する旨」を記載する必要があります。すなわち、①から⑨のどの規定に該当しているのか記載する必要があります。
例：①に該当する場合、「公共交通機関特例」
②に該当する場合、「入場券等回収特例」
⑦に該当する場合、「自動販売機特例」
⑧に該当する場合、「郵便切手特例」
⑨に該当する場合、「通勤手当特例・出張旅費特例」</td></tr>
<tr><td>住所等</td><td>仕入の相手方の住所又は所在地を記載する必要がありますが、次の場合は、住所又は所在地を記載する必要がありません（インボイス通達４－７）。
<table>
<tr><td>イ</td><td>適格請求書の交付義務が免除される３万円未満の公共交通機関（船舶、バス又は鉄道）による旅客の運送について、その運送を行った者</td></tr>
<tr><td>ロ</td><td>適格請求書の交付義務が免除される郵便役務の提供について、その郵便役務の提供を行った者</td></tr>
<tr><td>ハ</td><td>課税仕入れに該当する出張旅費等（出張旅費、宿泊費、日当及び通勤手当）を支払った場合の当該出張旅費等を受領した使用人等</td></tr>
<tr><td>ニ</td><td>前記③から⑥の課税仕入れ（③から⑤に係る課税仕入れについては、古物営業法、質屋営業法又は宅地建物取引業法により、業務に関する帳簿等へ相手方の氏名及び住所を記載することとされているもの以外のものに限り、⑥に係る課税仕入れについては、事業者以外の者から受けるものに限ります。）を行った場合の当該課税仕入れの相手方</td></tr>
</table></td></tr>
</table>

4-5

取引の相手方からインボイスが交付されなかった場合

取引の相手方からインボイスが交付されなかった等の理由があれば、インボイスの保存がなくても仕入税額控除ができるのでしょうか。

インボイス制度開始後は、帳簿のみの保存で仕入税額控除が認められる取引（**Q4－4**参照）に該当しない限り、インボイスの保存がなければ仕入税額控除ができなくなります。

なお、令和５年度税制改正により、基準期間における課税売上高が１億円以下又は特定期間における課税売上高が5,000万円以下である事業者については、令和５年10月１日から令和11年９月30日までの期間、１万円未満の課税仕入についてインボイスがなくても仕入税額控除ができます（28年改正法附則53の２、30年改正令附則24の２①）。

解 説

インボイス制度開始前までは、取引の相手方に対して請求書等を求めたにもかかわらず請求書等が交付されなかったような場合においては、「やむを得ない理由」と「課税仕入れの相手方の住所又は所在地」を帳簿に記載すれば、請求書等がなくても仕入税額控除ができました（消令49①二）。

しかしながら、インボイス制度開始後においては、「やむを得ない理由により請求書等がない場合の仕入税額控除」の規定が廃止されます。そのため、取引の相手方からインボイスが交付されなかった場合、原則として仕入税額控除ができなくなります。

適格請求書発行事業者は、一部の交付義務免除の取引を除き、課税事業者からの求めに応じてインボイスを交付する義務があります（新消法57の4①）。そのため、仮に取引の相手方からインボイスが交付されなかった場合に、取引の相手方に対して、インボイスを交付するように改めて求める必要があります。

なお、取引の相手方からインボイスが交付されなかったとしても、当該取引が帳簿のみの保存で仕入税額控除が認められている取引（たとえば、3万円未満の公共交通機関の旅費等）に該当するのであれば、仕入税額控除ができます（**Q4－4**参照）。

また、基準期間における課税売上高が1億円以下又は特定期間における課税売上高が5,000万円以下である事業者に該当する場合は、令和5年10月1日から令和11年9月30日までの期間、1万円未満の課税仕入についてインボイスの保存がなくても仕入税額控除を行うことができます（28年改正法附則53の2、30年改正令附則24の2①）。1万円未満か否かの判定は、1商品ごとの金額により判定するのではなく、1回の取引の合計額で判定します。

4-6

クレジットカード取引とインボイス

クレジットカード取引に関しては、クレジットカード会社から交付された明細書を保存しておけばよいのでしょうか。

クレジットカード会社から交付された明細書はインボイスに該当しないため、仕入税額控除を行うためには、店舗から交付された領収書等の保存が必要になります。

なお、基準期間における課税売上高が１億円以下又は特定期間における課税売上高が5,000万円以下である事業者については、令和５年10月１日から令和11年９月30日までの期間、１万円未満の課税仕入について店舗から交付された領収書等の保存がなかったとしても仕入税額控除を行うことができます（28年改正法附則53の２、30年改正令附則24の２①）。

解説

クレジットカード会社の明細書は、店舗から交付されたものではなく、クレジットカード会社から交付されたものであるため、仕入税額控除を行う際の領収書等には該当しません。

この扱いは、インボイス制度開始前の現行制度においても同じです。他方で、インボイス制度開始前の現行制度においては、「３万円未満の取引について、請求書等の保存がなくても仕入税額控除が可能」という例外規定が認められています。

そのため、インボイス制度開始前における３万円未満の取引の場合、仮に店舗から交付された領収書等を保存していなかったとしても、３万円未満の例外規定があるため、仕入税額控除を行うことができました。

しかしながら、インボイス制度開始後は、インボイスがなくても仕入税額控除が可能な３万円未満の取引は、公共交通機関の旅費等の一部の取引に限定されます。

そのため、インボイス制度開始後においては、たとえ３万円未満の取引であったとしても、「インボイスがなくても仕入税額控除が認められる取引（Q４－４参照）」に該当しない限り、店舗から交付された領収書等の保存が必要になります。

なお、基準期間における課税売上高が１億円以下又は特定期間における課税売上高が5,000万円以下である事業者に該当する場合は、令和５年10月１日から令和11年９月30日までの期間、１万円未満の課税仕入について店舗から交付された領収書等の保存がなかったとしても仕入税額控除を行うことができます（28年改正法附則53の２、30年改正令附則24の２①）。１万円未満か否かの判定は、１商品ごとの金額により判定するのではなく、１回の取引の合計額で判定します。

4-7

立替払いとインボイス

本会では、役員や委員が事業経費を立替払いするケースが多いのですが、立替払いした場合のインボイスの対応について教えてください。

立替払いの内容がわかる立替金精算書と立替払いした領収書・請求書等を提出してもらいます。

解説

非営利団体においては、事業を実施するにあたり、必要な経費を役員や委員が立替払いするケースがよくあります。

立替払い

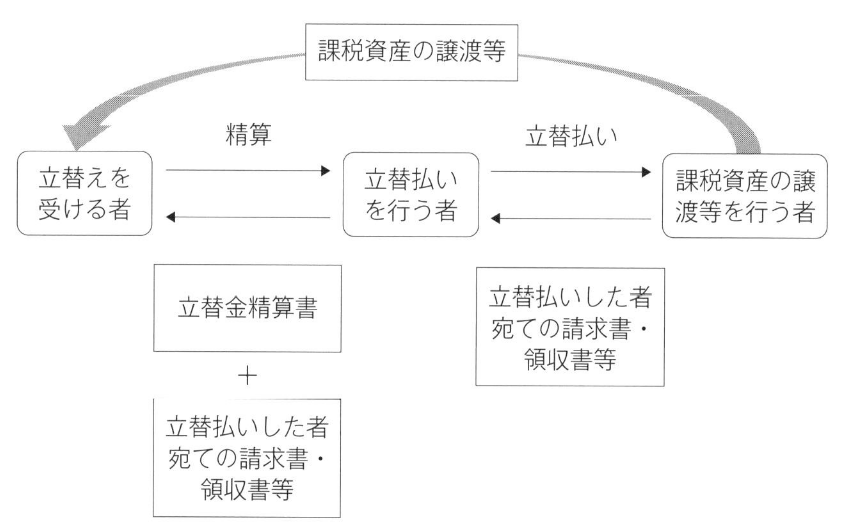

立替払いに関しては、原則として非営利団体名の請求書や領収書を交付してもらうのが望ましいですが、実際には、立替払いした個人宛の請求書や領収書になっているケースもあると思われます。このような場合、立替金精算書によって、当該個人宛の請求書や領収書が非営利団体の立替払いしたものであることを明らかにする必要があります。

なお、クレジットカード取引によって立替払いした場合、提出する証憑書類はクレジットカード明細書ではなく、店舗等から交付された請求書や領収書等となるため、ご留意ください（**Q4－6**参照）。

また、次のような取引に関しては、請求書や領収書等がないと考えられますが、その場合は、立替金精算書上に、取引相手、取引年月日、内容、金額を記載しておく必要があります。

請求書・領収書等がない場合の取扱い

内　容	取扱い
３万円未満の公共交通機関の旅費	立替金精算書上に、取引相手、取引年月日、内容、金額を記載しておく必要があります。
回収されてしまう入場券	立替金精算書上に、取引相手、取引年月日、内容、金額を記載しておく必要があります。なお、入場券等回収特例に関しては、仕入の相手方の住所又は所在地の記載も必要となります。
３万円未満の自動販売機等の取引	立替金精算書上に、取引相手、取引年月日、内容、金額を記載しておく必要があります。なお、自動販売機特例に関しては、仕入の相手方の住所又は所在地の記載も必要となります。

4-8

公共交通機関の旅費

３万円未満の公共交通機関の旅費については、インボイスが不要とされていますが、具体的には、どのような旅費が該当するのでしょうか。

公共交通機関とは、一定の船舶やバス、鉄道です（新消令70の９②一）。タクシー代や航空券代は含まれていません。なお、３万円未満か否かは、１回の取引で判定します（インボイス通達３－９）。

解 説

３万円未満の公共交通機関の旅費については、インボイスが不要となります。

1　公共交通機関の旅費

公共交通機関の旅費とは、次のものをいいます（新消令70の９②一）。

公共交通機関の旅費

種　類	具体的な内容
船舶による旅客の運送	一般旅客定期航路事業、人の運送をする貨物定期航路事業、人の運送をする不定期航路事業（乗合旅客の運送をするものに限ります。）として行う旅客の運送（対外航路のものを除きます。）
バスによる旅客の運送	一般乗合旅客自動車運送事業として行う旅客の運送。なお、路線不定期運行（空港アクセスバス等）及び区域運行（旅客の予約等による乗合運行）も対象となります。
鉄道・軌道による旅客の運送	第一種鉄道事業、第二種鉄道事業として行う旅客の運送 、軌道（モノレール等）

2　3万円未満の判定

3万円未満の公共交通機関の旅費か否かは、1回の取引の税込価額が3万円未満か否かで判定します（インボイス通達3－9）。1商品（切符1枚）ごとの金額や、月まとめ等の金額で判定するのではありません。

たとえば、切符が1枚13,000円であったとしても、4人分まとめて購入した場合は52,000円となり、3万円未満とはならないため、ご留意ください（インボイスQ&A《公共交通機関特例の3万円未満の判定単位》）。

3　特急料金・入場料金

公共交通機関の旅費には、旅客の運送に直接的に附帯するものが含まれています。旅客の運送に直接的に附帯しているか否かは、次のとおりです（インボイスQ&A《特急料金・入場料金》、インボイス通達3－10）。

公共交通機関の附帯料金

公共交通機関特例	具体例
○	特急料金、急行料金及び寝台料金
×	入場料金、手回品料金、貨物留置料金

4-9

従業員等の旅費とインボイス

役員や従業員に対する旅費に関して、インボイスの扱いを教えてください。

役員や従業員に対する通勤手当や出張旅費等については、インボイスがなくても帳簿のみの保存で仕入税額控除が認められています（新消法30⑦、新消令49①一二、新消規15の4二三)。この場合、帳簿上に通勤手当特例・出張旅費特例である旨を記載する必要があります。

解説

役員や従業員に対する通勤手当や出張旅費等については、帳簿のみの保存で仕入税額控除が認められる特例があります。このような旅費について特例が認められているのは、当該旅費は、役員や従業員に対して支払っているものであり、役員や従業員からインボイスの交付を受けることができないためです。

通勤手当も出張旅費等もいずれも「通常必要であると認められる部分」について仕入税額控除が認められるものですが、所得税法上の非課税との関係においては、通勤手当と出張旅費等では扱いが異なります。

まず、通勤手当に関して、所得税法上の非課税となる金額については上限金額が設定されていますが、消費税法上においては、所得税法上の非課税の上限に関係なく、「通勤に通常必要」と認められれば、仕入税額控除が可能となります（インボイス通達4－10)。

他方で、出張旅費、宿泊費、日当等に関して、「その旅行に通常必要であると認められる部分」についての判断は、所得税基本通達9－3にもとづいて判定します（消基通11－2－1、インボイス通達4－9）。

所得税基本通達9－3（非課税とされる旅費の範囲）

> 法第9条第1項第4号の規定により非課税とされる金品は、同号に規定する旅行をした者に対して使用者等からその旅行に必要な運賃、宿泊料、移転料等の支出に充てるものとして支給される金品のうち、その旅行の目的、目的地、行路若しくは期間の長短、宿泊の要否、旅行者の職務内容及び地位等からみて、その旅行に通常必要とされる費用の支出に充てられると認められる範囲内の金品をいうのであるが、当該範囲内の金品に該当するかどうかの判定に当たっては、次に掲げる事項を勘案するものとする。
> (1) その支給額が、その支給をする使用者等の役員及び使用人の全てを通じて適正なバランスが保たれている基準によって計算されたものであるかどうか。
> (2) その支給額が、その支給をする使用者等と同業種、同規模の他の使用者等が一般的に支給している金額に照らして相当と認められるものであるかどうか。

すなわち、出張旅費等については、所得税が非課税となる範囲で仕入税額控除が認められることになります。通常、出張旅費等は所得税法上の非課税となるような旅費規程を定め、当該旅費規程にもとづいて支給していると思われるため、当該旅費規程に従って支給していれば、出張旅費特例の扱いになるものと考えます。

従業員等に対する旅費と仕入税額控除・所得税法上の非課税との関係

旅　費	仕入税額控除の対象	所得税法上の非課税との関係
通勤手当	通勤に通常必要と認められる部分の金額（消基通11－2－2、新消法30⑦、新消令49①一二、新消規15の4三、インボイス通達4－10）	所得税法上の非課税の上限は関係ありません。
出張旅費等	出張旅費、宿泊費、日当等のうち、その旅行に通常必要であると認められる部分の金額（消基通11－2－1、新消法30⑦、新消令49①一二、新消規15の4二、インボイス通達4－9）	所得税法上の非課税となる範囲（所得税基本通達9－3）で判定します。

なお、当該特例により仕入税額控除を行う場合は、帳簿上に通勤手当特例・出張旅費特例である旨を記載する必要があります（Q4－4参照）。

4-10

実費精算による旅費とインボイス

旅費を実費精算する場合について、インボイスの扱いを教えてください。

立替払いとして扱うため、立替金精算書と立替払いしたインボイスが必要となります。

解説

出張旅費に関して、旅費規程によらずに出張に関する経費を実費精算するような場合、立替払い精算を行っているという位置づけとなります。

このような場合、請求書や領収書の宛名は、原則として、立替払いした個人ではなく非営利団体名で交付してもらう必要があります。なぜなら、立替払いの場合、非営利団体が交通機関や宿泊施設に対して、旅費を支払っているという前提になるからです。他方で、個人で購入手続や予約手続を行った関係上、請求書や領収書の宛名が個人名になっているような場合も想定されますが、そのような場合は、立替金精算書を添付することによって、個人宛になっている請求書や領収書が非営利団体の立替払いであることを明らかにする必要があります。

出張旅費の位置づけ

位置づけ	課税仕入の相手方	インボイスの扱い
旅費規程にもとづく出張旅費等の支給	役員・従業員	インボイスは不要です。帳簿に出張旅費特例であることを記載します。
出張旅費等の立替実費精算	交通機関 宿泊施設等 （帳簿記載上の相手方は、立替精算者ではないため、ご留意ください）	立替金精算書と立替払いしたインボイスが必要となります。 可能な限り、非営利団体宛の請求書や領収書を交付してもらいますが、もし、個人宛の請求書や領収書になっている場合は、立替金精算書によって、立替払いであることを明らかにします。

なお、次のような取引に関しては、請求書や領収書等がないと考えられますが、その場合は、立替金精算書上に、取引相手、取引年月日、内容、金額を記載しておく必要があります。

請求書・領収書等がない場合の取扱い

内　容	取扱い
３万円未満の公共交通機関の旅費	立替金精算書上に、取引相手、取引年月日、内容、金額を記載しておく必要があります。
回収されてしまう入場券	立替金精算書上に、取引相手、取引年月日、内容、金額を記載しておく必要があります。なお、入場券等回収特例に関しては、仕入の相手方の住所又は所在地の記載も必要となります。

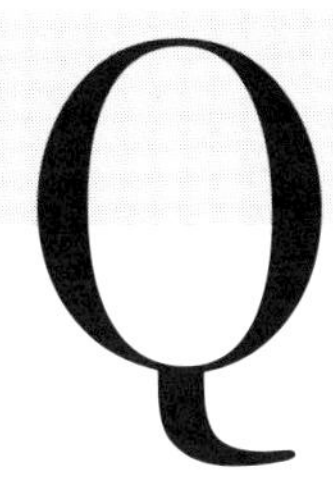

4-11

委員の旅費とインボイス

本会は、有識者から構成される委員会を設置しており、構成員である委員に対して旅費を支払っていますが、その際のインボイスの扱いを教えてください。

委員を使用人であると解釈することができれば、通勤手当特例・出張旅費特例により、インボイスがなくても帳簿のみの保存で仕入税額控除を行うことができると考えます。

解説

非営利団体の場合、有識者に委員や非常勤役員をお願いするケースがよくあります。そして、委員に対しては、委員会出席の際に委員会日当（給与所得）と旅費を支払い、非常勤役員に対しては、理事会や総会の出席の際に役員報酬（給与所得）と旅費を支払うケースがよくあります。

このような場合、委員と非常勤役員は、法律上の立場が異なるものの、非営利団体の会議体（委員会又は理事会・総会）に出席する際の旅費を支払うという実態は変わりません。

通勤手当特例・出張旅費特例は、役員又は使用人を対象としていますが（新消規15の4二三）、非営利団体の指示のもとに委員会に出席する委員について、従業員と同じ使用人であると解釈することができれば、非常勤役員に対する旅費と同じように通勤手当特例・出張旅費特例で扱うことができ、インボイスがなくても帳簿のみの保存で仕入税額控除を行うことができると考えます。

4-12

謝金とインボイス

講習会の講師に対する講演謝金や機関誌の執筆者に対する原稿料謝金に関して、インボイスの扱いを教えてください。

インボイス制度開始後は、支払先が適格請求書発行事業者でない限り、仕入税額控除が制限されることになります。

なお、基準期間における課税売上高が１億円以下又は特定期間における課税売上高が5,000万円以下である事業者については、令和５年10月１日から令和11年９月30日までの期間、１万円未満の謝金についてインボイスがなくても仕入税額控除を行うことができます（28年改正法附則53の２、30年改正令附則24の２①）。

解説

非営利団体の場合、有識者や学識経験者に対して講演謝金や原稿料謝金を支払うようなケースがよくあります。

たとえば、士業のように個人事業主として活動している個人に対して謝金を支払う場合、適格請求書発行事業者である可能性があると思われますが、大学や企業などの組織に所属している研究者個人に対して謝金を支払う場合、適格請求書発行事業者ではないケースが多いと思われます。そのため、個人に対して謝金を支払う場合、インボイス制度が開始すると、仕入税額控除が制限されるケースが出てくるものと思われます。

なお、謝金を支払う場合であっても、個人に対して支払うのではなく、所属している組織に支払う場合（たとえば企業の研究者に講演を依頼して、研究者個人でなく、企業に対して謝金を支払うような場合）、その支払先である組織が適格請求書発行事業者であれば、仕入税額控除を行うことができます。

謝金の支払いとインボイスの扱い

<table>
<tr><th colspan="2">支払先</th><th>インボイス</th></tr>
<tr><td rowspan="2">個人に対して支払う場合</td><td>個人事業主として活動している個人</td><td>支払先である個人事業主が適格請求書発行事業者であれば、仕入税額控除を行うことができます。その場合、個人事業主の登録番号が記載された領収書等（インボイス）が必要となります。</td></tr>
<tr><td>組織に所属している個人</td><td>支払先である個人が適格請求書発行事業者でないケースが多いと思われるため、仕入税額控除が制限されるケースが多いと思われます。</td></tr>
<tr><td colspan="2">所属している組織に対して支払う場合</td><td>支払先である所属組織が適格請求書発行事業者であれば、仕入税額控除を行うことができます。その場合、所属している組織の登録番号が記載された領収書等（インボイス）が必要となります。</td></tr>
</table>

※支払先が適格請求書発行事業者でない場合、仕入税額控除が制限されることになりますが、経過措置により、令和５年10月１日から令和８年９月30日までの期間は80%について仕入税額控除が可能であり、令和８年10月１日から令和11年９月30日までの期間は50%について仕入税額控除が可能です（**Q４－３**参照）。

※令和５年度税制改正により、基準期間における課税売上高が１億円以下又は特定期間における課税売上高が5,000万円以下である事業者に該当する場合は、令和５年10月１日から令和11年９月30日までの期間、１万円未満の謝金についてインボイスがなくても仕入税額控除を行うことができます（28年改正法附則53の２、30年改正令附則24の２①）。

4-13

講師旅費とインボイス

本会は、講演会の講師に対して謝金のほかに旅費を支払っていますが、講師旅費に関して、インボイスの扱いを教えてください。

公共交通機関特例や入場券等回収特例を除き、交通機関や宿泊施設のインボイスが必要になります。

他方で、旅費相当額を謝金に上乗せして支払う場合、旅費相当額の支払いは、講師に対する謝金の一部として扱うことになると考えます。

解説

非営利団体の場合、セミナーや講演会に関して外部の講師を依頼し、当該講師に対して、講演謝金と旅費を支払うようなケースがよくあります。

このような場合、まず、旅費に関して、どのような形で支払うのかという点が重要となります。

源泉所得税の観点からは、報酬・料金の支払いに際して、旅費を支払う場合、原則として、その費用を含めて源泉徴収することになっていますが、その費用として支出する金銭等が、当該役務を提供する者に対して交付されるものでなく、当該報酬又は料金の支払をする者から交通機関、ホテル、旅館等に直接支払われ、かつ、その金額がその費用として通常必要であると認められる範囲内のものであるときは、源泉徴収をしなくても差し支えないことになっています（所得税基本通達204－４）。

旅費を源泉所得税の対象としないように、非営利団体側が直接、交通機関や宿泊施設に旅費を支出する場合は、通常の旅費と同様、公共交通機関特例や入場券等回収特例を除き、交通機関や宿泊施設に対するインボイスが必要になります。

他方で、講師本人が直接旅費の支払いを行う場合もあります。その際、立替払い精算を行うのであれば、非営利団体が直接旅費を支出した場合と同様に考え、旅費を含めずに源泉徴収を行うことが可能になると考えます。その場合は、前記と同様、公共交通機関特例や入場券等回収特例を除き、交通機関や宿泊施設に対するインボイスが必要になります。

なお、講師本人が直接旅費の支払いを行うものの、立替払い精算せずに、旅費相当額をお車代等として謝金に上乗せして支払うような場合もあります。このような場合は、旅費相当額も謝金と同様に源泉所得税の対象となります。そして、源泉所得税の対象になるということは、当該旅費相当額の名目は旅費であるものの、実質的には謝金の一部であると考えられます。そのため、このような場合は、講師（支払先）が適格請求書発行事業者か否かによって、仕入税額控除の可否が変わることになります（Q４－12参照）。

旅費の支払い方法と源泉所得税及びインボイスの扱い

<table>
<tr><th colspan="2">旅費の支払い方法</th><th>源泉所得税</th><th>インボイス</th></tr>
<tr><td colspan="2">非営利団体が直接、交通機関や宿泊施設に対して支払いを行う場合</td><td>通常必要であると認められる範囲内のものは、旅費を除いて源泉徴収しても差し支えありません。</td><td>公共交通機関特例や入場券等回収特例を除き、交通機関や宿泊施設のインボイスが必要になります。</td></tr>
<tr><td rowspan="2">講師本人が直接、交通機関や宿泊施設に対して支払いを行う場合</td><td>旅費について、立替払い精算を行う場合</td><td>立替払い精算を行えば、非営利団体が直接、支払う場合と同様に考え、源泉徴収しなくても差し支えないものと考えます。</td><td>公共交通機関特例や入場券等回収特例を除き、交通機関や宿泊施設のインボイスが必要になります。</td></tr>
<tr><td>旅費について立替払い精算せずに、旅費相当額を講師に支払う場合</td><td>旅費相当額は謝金の一部と考えられるため、旅費相当額も含めて源泉徴収を行う必要があります。</td><td>旅費相当額は謝金の一部と考えられるため、講師（支払先）が適格請求書発行事業者か否かによって仕入税額控除の可否が変わることになります。</td></tr>
</table>

※基準期間における課税売上高が１億円以下又は特定期間における課税売上高が5,000万円以下である事業者に該当する場合は、令和５年10月１日から令和11年９月30日までの期間、１万円未満の旅費についてインボイスがなくても仕入税額控除を行うことができます（28年改正法附則53の２、30年改正令附則24の２①）。

4-14

謝金の証憑

講師謝金や原稿料謝金などの謝金を支払う場合、支払いに関する証憑の保存方法としては、どのような方法があるのでしょうか。

謝金を支払う際に領収書を準備しておき、当該領収書にサインをもらう方法や、支払明細書を発行して内容を確認してもらう方法が考えられます。

解 説

非営利団体が支払う謝金については、相手方から請求書や領収書の交付を受けるというよりも、非営利団体側があらかじめ準備しておいた領収書にサインをもらう方法や、非営利団体側が支払明細書を発行してその内容を確認してもらう方法が一般的です。

その際、相手方が適格請求書発行事業者か否かを確認し、相手方が適格請求書発行事業者である場合は、領収書や支払明細書に相手方の登録番号を記載します。相手方が適格請求書発行事業者以外の者であっても、経過措置により、一定期間は仕入税額控除が可能であるため、領収書や支払明細書の保存は必要となります。

なお、令和５年度税制改正により、基準期間における課税売上高が１億円以下又は特定期間における課税売上高が5,000万円以下である事業者に該当する場合は、令和５年10月１日から令和11年９月30日までの期間、１万円未満の謝金についてインボイスがなくても仕入税額控除を行うことができます（28年改正法附則53の２、30年改正令附則24の２①）。

謝金に対する支払いの証憑

	相手方が適格請求書発行事業者の場合	相手方が適格請求書発行事業者以外の者の場合
領収書	相手方の登録番号を記載した上で、相手方のサインをもらいます。	相手方のサインをもらいます。
支払明細書	相手方の登録番号を記載した上で、相手方に内容を確認してもらいます。	相手方に内容を確認してもらいます。

なお、会計年度が1月から12月の非営利団体の場合、個人に対して交付する支払調書を支払明細書として代用する方法が考えられます。

支払調書は、1月から12月の間に支払った報酬について記載された書類であり、一定金額以上の場合、税務署に提出する必要がありますが、本人に対する交付義務はありません。しかしながら、実務上は、支払い内容の確認や支払先である個人の確定申告に資するために、個人番号の記載のない支払調書を本人に対して交付しているケースはよくあります。

支払調書には、謝金の支払い相手方、謝金を支払う非営利団体名、謝金の内容、謝金の金額が記載されています。そのため、課税仕入の年月日、適用税率、消費税額、登録番号を追記すればインボイスの記載事項を満たすことになります。なお、当該支払調書は、インボイス制度上は仕入明細書としての位置づけになるため、相手方の確認が必要となります。

支払調書と仕入明細書の記載事項

記載項目	対　応
個人名	支払調書上に記載されています。
非営利団体名	
謝金の内容	
謝金の金額	
課税仕入の年月日	年月日が記載されていない場合もあるため、記載されていない場合は追記します。
適用税率	謝金の支払い相手が適格請求書発行事業者である場合は、追記します。
消費税額	
登録番号（相手方）	

※支払調書を仕入明細書として代用可能な場合は、会計年度が１月から12月の非営利団体の場合です。

※相手方の確認が必要となります。

4-15

家賃支払いとインボイス

本会は、事務所の家賃の支払いが口座振替のため、賃貸人から請求書が交付されていませんが、インボイスの扱いはどのようになるのでしょうか。

契約書等において適格請求書の記載事項が記載されていれば、それらの書類がインボイスに該当することになります。そのため、適格請求書の記載事項の一部（課税資産の譲渡等の年月日以外の事項）が記載されている契約書等と実際に取引を行った事実を客観的に示す書類（通帳等）を併せて保存しておけば、仕入税額控除の要件を満たすこととなります。

解説

適格請求書は名称や様式を問わないため、契約書も必要な記載事項を満たせば適格請求書となります。また、適格請求書は一つの書類ですべての記載事項を満たす必要はなく、複数の書類で記載事項を満たせば、それらの書類全体で適格請求書の記載事項を満たすことになります。そのため、適格請求書として必要な記載事項の一部（課税資産の譲渡等の年月日以外の事項）が記載された契約書と通帳や振込金受取書（課税資産の譲渡等の年月日の事実を示すもの）を併せて保存しておけば、それらの書類全体で適格請求書となります（インボイスQ&A《口座振替・口座振込による家賃の支払》）。

なお、令和５年９月30日以前に締結した契約書の場合、登録番号等の記載事項が不足していると思われるため、その場合は、別途、不足している事項（登録番号等）の通知を賃貸人から受ければ、当該通知を含めて一つの適格請求書として扱うことが可能となります。

適格請求書の記載事項と追加の対応

	記載事項	追加の対応
①	適格請求書発行事業者の氏名又は名称及び登録番号	賃貸人は契約書に記載されていますが、令和５年９月30日以前に締結した契約書の場合、登録番号は記載されていないと思われるため、登録番号については、別途、通知を受ける必要があります。
②	課税資産の譲渡等を行った年月日	課税資産の譲渡等を行った年月日の事実を示すものとして、賃借人（非営利団体）は通帳や振込金受取書を保存する必要があります。
③	課税資産の譲渡等に係る資産又は役務の内容	契約書に記載されています。
④	課税資産の譲渡等の税抜価額又は税込価額を税率ごとに区分して合計した金額及び適用税率	金額については契約書に記載されていますが、適用税率については記載されていない場合もあります。仮に、適用税率について記載されていない場合は、別途、通知を受ける必要があります。
⑤	税率ごとに区分した消費税額等	消費税額等については契約書に記載されていない場合もあります。仮に、消費税額について記載されていない場合は、別途、通知を受ける必要があります。
⑥	書類の交付を受ける事業者の氏名又は名称	賃借人（非営利団体名）は契約書に記載されています。

4-16

水道光熱費の請求とインボイス

本会は、家賃のほか電力料金と水道料金の実費相当額を賃貸人に対して支払っていますが、このような場合、インボイスの扱いはどのようになるのでしょうか。

実費精算による場合、賃貸人から交付される電力料金・水道料金に関する立替金精算書（公共料金事業者名及び公共料金事業者の登録番号が記載されたもの）を保存する必要があります。

解説

事務所を賃借する際、電気や水道などの公共料金に関して、賃貸人が公共料金事業者にまとめて支払いを行い、賃借人の実費相当額を別途、賃借人に請求しているような例があります。

このような場合、通常、賃貸人から賃借人に対して、公共料金を立替払いしたことに関する立替金精算書が交付されることになります。そして、賃借人においては、立替金精算書を保存することで仕入税額控除を行うことになります。この場合の課税仕入の相手方は、賃貸人ではなく、公共料金の事業者となるため、立替金精算書に公共料金事業者の名称と登録番号が記載されているか否かを確認することになります。

なお、基準期間における課税売上高が１億円以下又は特定期間における課税売上高が5,000万円以下である事業者に該当する場合は、令和５年10月１日から令和11年９月30日までの期間、１万円未満の水道光熱費についてインボイスがなかったとしても仕入税額控除を行うことができます（28年改正法附則53の２、30年改正令附則24の２①）。

4-17

他の非営利団体の一部を間借りしている場合

本会は、他の非営利団体の事務所の一部を間借りしていますが、インボイス制度が開始することによって、何か影響はあるのでしょうか。

賃貸人である他の非営利団体が適格請求書発行事業者でない場合、仕入税額控除が制限されることになります。

解 説

非営利団体においては、他の非営利団体の事務所の一部を間借りしているようなケースがあります。この場合の家賃の支払先は他の非営利団体となりますが、非営利団体の場合、現時点で免税事業者であって、インボイス制度開始後も免税事業者として継続するようなケースもあると思われます。このような場合、インボイス制度開始後は、家賃について仕入税額控除が制限されることになります。

また、非営利団体においては、マンションの一室を事務所として賃借し、賃貸人が個人というケースもあります。この場合の家賃の支払先は個人となりますが、個人の場合、現時点で免税事業者であって、インボイス制度開始後も免税事業者として継続するようなケースもあると思われます。このような場合も、インボイス制度開始後は、家賃について仕入税額控除が制限されることになります。

そのため、賃貸人が他の非営利団体や個人の場合、免税事業者である可能性があるため、賃貸人に対して、適格請求書発行事業者の登録を行っているのか否か（または登録を行う予定があるのか否か）を確認しておくことが重要となります。仮に賃貸人が適格請求書発行事業者の登録を行う予定がない場合、仕入税額控除が制限されるため、家賃の価格交渉について検討することになると考えます。

なお、賃貸人が適格請求書発行事業者でない場合、仕入税額控除が制限されることになりますが、経過措置により、令和5年10月1日から令和8年9月30日までの期間は、80%について仕入税額控除が可能であり、令和8年10月1日から令和11年9月30日までの期間は、50%について仕入税額控除が可能です（Q4－3参照）。

4-18

学術集会の経費とインボイスの保存

本会は学術団体（学会）であり、毎年総会のタイミングに合わせて学術集会を開催していますが、学術集会の経費に関して、インボイスの保存をどのように行えばよいでしょうか。

学術集会の運営委託先であるコンベンション会社が交付するインボイスを保存することになります。なお、コンベンション会社や学術集会運営事務局において経費の立替払いを行った場合は、立替払いしたインボイスを提出してもらい、当該書類を保存することになります。

解説

通常、学術集会の運営は学会本部の事務局が行うのではなく、コンベンション会社に委託しているケースが多いです。そのため、コンベンション会社に対する委託費に関して、コンベンション会社が交付するインボイスを保存する必要があります。

なお、学術集会の経費については、コンベンション会社の委託費だけではなく、コンベンション会社が立替払いしている経費もあります。また、学術集会の運営に関しては、コンベンション会社以外にも、学術集会の総会長の研究室が学術集会運営事務局となり、当該事務局で立替払いしている経費もあります。

そのため、学術集会の経費に関するインボイスの対応は、次のようになります。

学術集会の経費に関するインボイスの対応

運　営	学術集会の経費	インボイスの対応
コンベンション会社	学術集会全般の運営に関して委託しているケースが多いです。なお、一部の経費について、立替払いしているケースもあります。	委託費について、インボイスの交付を受けます。 立替経費については、立替払いしたインボイスを提出してもらいます。
学術集会運営事務局（総会長の研究室等）	事前準備のための委員会経費について、立替払いしているケースがあります。	立替経費については、立替払いしたインボイスを提出してもらいます。

学術集会運営事務局は、学術集会の都度、新しい総会長の研究室等に変わります。そして、コンベンション会社は、通常、学術集会運営事務局が選ぶため、学術集会の都度、コンベンション会社も別の会社になることがよくあります。

学術集会の経費に関して、どの経費を立替経費として扱い、どこまでを委託費に含めて請求しているのかは、コンベンション会社によって扱いが異なります。

たとえば、学術集会の会場費について、委託費に含めて請求しているケース（**例①**）もあれば、立替経費扱いで請求しているケース（**例②**）もあります。

例①：会場費について、委託費に含めて請求しているケース

請求書

○年○月○日

一般社団法人○○学会御中

○○株式会社

T1234567890123

第○回○○学会 学術集会（○年○月○日～○月○日）

学術集会・事務運営委託費として

請求金額　33,000,000円

内訳	金額
会場費	10,000,000円
事務運営委託費	20,000,000円
税抜金額合計（10%対象）	30,000,000円
消費税額（10%対象）	3,000,000円
税込金額合計（10%対象）	33,000,000円

例①の場合、会場費の金額も含めて、コンベンション会社から課税仕入を行っているという位置づけとなるため、コンベンション会社のインボイスがあれば問題ありません。

例②：会場費を立替経費扱いで請求しているケース

請求書

○年○月○日

一般社団法人○○学会御中

○○株式会社

T1234567890123

第○回○○学会 学術集会（○年○月○日～○月○日）

学術集会・事務運営委託費及び会場費として

請求金額　33,000,000円

内訳	金額
事務運営委託費	20,000,000円
消費税額（10%対象）	2,000,000円
税込金額（10%対象）	22,000,000円
立替：会場費（○○国際会議場）	11,000,000円
請求金額合計	33,000,000円

例②の場合、コンベンション会社の委託費とは別に、立替払いした会場費を請求しています。このような場合は、コンベンション会社から立替払いした会場費のインボイスも提出してもらう必要があります。

コンベンション会社が立替払いした会場費のインボイス

請求書

○年○月○日

一般社団法人○○学会御中

○○国際会議場

T0123456789012

第○回○○学会 学術集会（○年○月○日〜○月○日）

学術集会　会場費として

請求金額　11,000,000円

内訳	金額
○年○月○日から○年○月○日	10,000,000円
消費税額（10%対象）	1,000,000円
税込金額（10%対象）	11,000,000円

コンベンション会社に対する支払いがすべてコンベンション会社に対する委託費（課税仕入）なのか、それともその中の一部に立替経費が含まれているのか、コンベンション会社の請求書の内容をよく確認することが重要といえます。

4-19
他団体との共同事業とインボイスの保存

本会は、他の非営利団体と共同で事業を実施しています。このような場合、仕入税額控除を行うにあたって、インボイスの対応はどのようになるのでしょうか。

幹事となる団体は、仕入先から交付を受けたインボイスを保存するとともに、構成員となる団体に対して、インボイスのコピー（又は精算書）を交付します。そして、構成員となる団体は、幹事となる団体から交付を受けたインボイスのコピー（又は精算書）を保存します。

解説

複数の非営利団体で共同事業を行う場合、当該共同事業に係る会計を担当する団体（幹事となる団体）において、共同事業に係る仕入を行っているのが一般的です。

このような場合、共同事業に係る仕入に関するインボイスは、幹事となる団体が保存するため、各構成員が仕入税額控除を行うためには、原則として、仕入に関するインボイスのコピーに各構成員の割合に応じた課税仕入の額の配分内容が記載されているものが必要になります。

しかしながら、仕入に関して、インボイスのコピーをその都度、交付するのは大変です。そのため、コピーが大量となる等の事情により、コピーを交付することが困難なときは、仕入の内容がわかる精算書（適格請求書発行事業者からの仕入れか否か分かるものであって、適用税率区分ごとに、各構成員の負担額が記載されているもの）を交付する方法も認められています（インボイス通達４－２）。

なお、構成員となる団体において、仕入税額控除を行うためには、課税仕入の相手方の氏名又は名称や登録番号など、インボイスに記載されている事項を確認できるようにしておく必要があります。これらの事項については、精算書で記載する方法のほか、別途、書面等で通知する方法や継続的な取引に係る契約書等で明らかにする方法もあります。

共同事業において、仕入税額控除を行う場合の対応

	原　則	例外（※）
幹事となる団体	仕入先から交付を受けたインボイスを保存します。 構成員に対して、インボイスのコピーに各構成員の割合に応じた課税仕入の額の配分内容を記載したものを交付します。	仕入先から交付を受けたインボイスを保存します。 構成員に対して、仕入の内容がわかる精算書（適格請求書発行事業者からの仕入れか否か分かるものであって、適用税率区分ごとに、各構成員の負担額が記載されているもの）を交付します。
構成員となる団体	幹事となる団体から受けたインボイスのコピーを保存します。	幹事となる団体から受けた精算書を保存します。

※コピーが大量となる等の事情によりコピーを交付することが困難なときは、精算書の交付も認められています。なお、精算書の交付の場合は、課税仕入の相手方の氏名又は名称や登録番号など、インボイスに記載されている事項を別途、確認できるようにしておく必要があります。

4-20

電子インボイスの保存（仕入側）

請求書や領収書を紙ではなく電子メールで受け取った場合やインターネット上のサイトからダウンロードした場合、どのような形でインボイスを保存すればよいのでしょうか。

請求書・領収書等に関する電子データを授受した場合、消費税においては、電磁的記録による保存のほか、出力書面による保存も認められています（新消規15の５）。

なお、法人税においては、電磁的記録による保存が求められるため（電帳法７）、法人税の申告を行っている法人は、電磁的記録による保存になると考えられますが、法人税の申告を行っていない法人は、出力書面による保存も考えられます。

解説

請求書・領収書等に関する電子データを授受した場合、消費税においては、電磁的記録による保存のほか、出力書面による保存も認められています（新消規15の５）。

電磁的記録による保存に関しては、たとえば、メールソフト上で保存されているなど、単純にデータとしてどこかに保存されているという状態だけでは、税法上の保存の要件を満たしたことになりません。電磁的記録による保存の場合、次の要件を満たす必要があります。

電磁的記録のまま保存する場合（新消規15の５①→電帳規４を準用）

①	次のイから二のいずれかの措置を行うこと イ　タイムスタンプが付された適格請求書に係る電磁的記録を受領すること（受領した者がタイムスタンプを付す必要はありません。）（電帳規４①一） ロ　次に掲げる方法のいずれかにより、タイムスタンプを付すこと（電帳規４①二） ・適格請求書に係る電磁的記録の提供を受けた後、速やかにタイムスタンプを付すこと ・適格請求書に係る電磁的記録の提供からタイムスタンプを付すまでの各事務の処理に関する規程を定めている場合において、その業務の処理に係る通常の期間を経過した後、速やかにタイムスタンプを付すこと ※令和５年度税制改正により、電磁的記録の保存を行う者等に関する情報の確認要件は廃止されました。 ハ　適格請求書に係る電磁的記録の記録事項について、次のいずれかの要件を満たす電子計算機処理システムを使用して適格請求書に係る電磁的記録の受領及びその電磁的記録を保存すること（電帳規４①三） ・訂正又は削除を行った場合には、その事実及び内容を確認することができること ・訂正又は削除することができないこと 二　適格請求書に係る電磁的記録の記録事項について正当な理由がない訂正及び削除の防止に関する事務処理の規程を定め、当該規程に沿った運用を行い、当該電磁的記録の保存に併せて当該規程の備付けを行うこと（電帳規４①四）
②	適格請求書に係る電磁的記録の保存等に併せて、システム概要書の備付けを行うこと（電帳規２②一、４①）
③	適格請求書に係る電磁的記録の保存等をする場所に、その電磁的記録の電子計算機処理の用に供することができる電子計算機、プログラム、ディスプレイ及びプリンタ並びにこれらの操作説明書を備え付け、その電磁的記録をディスプレイの画面及び書面に、整然とした形式及び明瞭な状態で、速やかに出力できるようにしておくこと（電帳規２②二、４①）
④	適格請求書に係る電磁的記録について、次の要件を満たす検索機能を確保しておくこと（電帳規２⑥五、４①） ⅰ 取引年月日その他の日付、取引金額及び取引先を検索条件として設定できること ⅱ 日付又は金額に係る記録項目については、その範囲を指定して条件を設定することができること ⅲ 二以上の任意の記録項目を組み合わせて条件を設定できること ※国税に関する法律の規定による電磁的記録の提示又は提出の要求に応じることができるようにしているときはⅱ及びⅲの要件が不要となり、その判定期間に係る基準期間における売上高が5,000万円以下（令和５年度税

制改正により1,000万円以下から5,000万円以下に改正）の事業者が国税に関する法律の規定による電磁的記録の提示又は提出の要求に応じることができるようにしているときは検索機能の全てが不要となります。また、令和５年度税制改正により、出力書面（整然とした形式及び明瞭な状態で出力され、取引年月日その他の日付及び取引先ごとに整理されたものに限ります。）及び電磁的記録の提示又は提出の要求に応じることができるようにしているときは検索機能の全てが不要となりました。

※令和５年度税制改正の内容（下線部）については、令和６年１月１日以後の取引に適用されます。

前記のとおり、電磁的記録により保存する方法は簡単ではありません。そのため、保存の方法として、出力書面による保存が選択肢として考えられますが、その際には、法人税における電子取引の保存方法に留意する必要があります。

電子データを授受した場合、消費税と法人税では保存方法が異なります。前記のとおり、消費税においては出力書面による保存が認められていますが、法人税においては、令和３年度税制改正により出力書面による保存が認められなくなりました。

そのため、原則として、法人税においては、令和４年１月１日から電磁的記録による保存が義務づけされることになりました。しかしながら、実際には、電磁的記録による保存に関して、対応が間に合っていない事業者が多数いたため、令和４年度税制改正により、２年間の宥恕措置が設けられ、やむを得ない事情がある場合には、令和５年12月31日までは、出力書面による保存が認められることになりました。

前記の宥恕措置は令和５年12月31日までとなるため、令和６年１月１日からは、法人税において、電磁的記録による保存が必要となりますが、その場合であっても、前記の保存要件に従って保存されていないケースも想定されます。

そのため、令和５年度税制改正により、仮に税法上の保存要件に従って保存することができなかったとしても、そのことについて相当の理由があると認められ、電磁的記録のダウンロードの求め及び当該電磁的記録の出力書面（整然とした形式及び明瞭な状態で出力されたものに限る。）の提示又は提出の求めに応じることができるようにしている場合は、保存要件にかかわらず、電磁的記録の保存をすることができることになりました。

法人税における電子取引の保存

期　間	電子取引の保存
令和３年12月31日まで	出力書面による保存が認められていました。
令和４年１月１日から 令和５年12月31日まで	令和３年度税制改正により出力書面による保存が認められなくなりました。しかしながら、令和４年度税制改正によって、２年間の宥恕措置が設けられたため、令和５年12月31日までは、出力書面による保存も可能となりました。
令和６年１月１日以後	宥恕措置期間が終了するため、電磁的記録の保存が必要となります。なお、令和５年度税制改正により、電磁的記録の保存に関して、税法上の保存要件に従って保存することができなかったとしても、相当の理由があると認められ、電磁的記録のダウンロードの求め及び当該電磁的記録の出力書面（整然とした形式及び明瞭な状態で出力されたものに限る。）の提示又は提出の求めに応じることができるようにしている場合は、電磁的記録の保存として認められることになりました。

法人税の申告を行っている場合、たとえ消費税において出力書面による保存が認められていたとしても、法人税において電磁的記録による保存が求められるため、結果として電磁的記録による保存が必要となります。

他方で、非営利団体の場合、法人税法上の収益事業がないため、法人税の申告を行っていない場合もあります。このように法人税の申告を行っていない非営利団体の場合、消費税の保存方法のみで考えることができるため、電磁的記録による保存のほか、出力書面による保存も考えられます。

法人税と消費税における電子取引の保存方法について

	電磁的記録による保存	出力書面による保存
法人税	必要です。なお、令和５年度税制改正により、仮に税法上の保存要件を満たしていない形で電磁的記録を保存していたとしても、相当な理由があると認められれば、電磁的記録による保存として認められることになりました。	令和３年度税制改正により、令和４年１月１日以後は、原則として認められなくなりましたが、令和４年度税制改正により、令和５年12月31日までは、やむを得ない事情がある場合、認められています（宥恕措置）。
消費税	いずれの方法も認められています。	
判　断	法人税の申告を行っている場合、法人税の観点から、結果として電磁的記録による保存になると考えられます。	法人税の申告を行っていない場合、消費税の保存方法のみで考えることができるため、出力書面による保存も考えられます。

なお、電子取引に関して、税法上の保存要件に従って電磁的記録による保存をしていなかった場合の法人税と消費税の影響は、それぞれ異なります。

法人税においては、税法上の保存要件に従って電磁的記録による保存をしていなかった場合、電磁的記録の保存がなかったものとして青色申告の承認の取消しの対象となり得ますが、そのリスクは必ずしも高いわけではありません。なぜなら、青色申告の承認の取消しは、違反の程度等を総合勘案の上、真に青色申告書を提出するにふさわしくないと認められるかどうか等を検討した上で、その適用が判断されるからです。

たとえば、取引が正しく記帳されて申告にも反映されており、保存すべき取引情報の内容が書面を含む電子データ以外から確認できるような場合には、それ以外の特段の事由がないにもかかわらず、直ちに青色申告の承認が取り消されたり、金銭の支出がなかったものと判断されたりするものではありません。

また、非営利団体の場合、法人税の申告を行っているものの、収益事業が赤字で、納税が発生していないようなケースも多いです。

そのため、法人税においては、仮に、電子取引に関して税法上の保存要件に従って電磁的記録による保存をしていなかったとしても、納税額に影響を及ぼす状況になるとは限りません。

他方で、消費税においては、電子取引に関して税法上の保存要件に従って電磁的記録による保存をしていなかったため、請求書等の保存がなかったものとして扱われた場合、仕入税額控除の要件となる請求書等の保存がないことになります。この場合、仕入税額控除ができなくなり、直ちに納税額に影響を及ぼすことになります。そのため、消費税の方が、法人税よりも税法上の保存要件に従って電磁的記録による保存をしていなかったことによるリスクが高いといえます。

このように税法上の保存要件に従った電磁的記録による保存の有無に関して、法人税と消費税ではリスクが異なるため、そのような事情を勘案し、消費税においては、電子取引に関して、電磁的記録による保存のほか、出力書面による保存も認められています。

非営利団体の経理実務や稟議決裁実務において、完全にペーパレス化（電子化）しているようなケースはあまりなく、会計帳簿の入力作業の観点や稟議決裁に添付する資料の観点から、実務上は電子取引に関して出力書面による保存をしているケースが多いと思われます。このような場合、仮に税法上の保存要件に従って電磁的記録による保存をしていなかったとしても、別途、出力書面が保存されているため、仕入税額控除が否認されるリスクがなくなると考えられます。

なお、令和５年度税制改正により、仮に税法上の保存要件に従って保存することができなかったとしても、そのことについて相当の理由があると認められ、電磁的記録のダウンロードの求め及び当該電磁的記録の出力書面（整然とした形式及び明瞭な状態で出力されたものに限る。）の提示又は提出の求めに応じることができるようにしている場合は、保存要件にかかわらず、電磁的記録の保存をすることができることになりました。そのため、従来よりも電磁的記録による保存に関する税務リスクは低くなったといえます。

4-21

スキャナ保存（仕入側）

書面で交付を受けた請求書や領収書について、電子データで保存することはできますでしょうか。

電帳法のスキャナ保存の要件を満たせば、スキャナ保存により電子データで保存することができます。

解説

紙で受け取った請求書や領収書に関しては、スキャナ保存することにより電子データで保存することができます。スキャナ保存するためには、次の要件に従って保存する必要があります。

スキャナ保存の要件（重要書類）

項　目	スキャナ保存の要件
入力期間の制限	【早期入力方式】 国税関係書類に係る記録事項の入力をその受領等後、速やか（おおむね７営業日以内）に行うこと。 【業務処理サイクル方式】 国税関係書類に係る記録事項の入力をその業務の処理に係る通常の期間（最長２か月以内）を経過した後、速やか（おおむね７営業日以内）に行うこと。 ※国税関係書類の受領等から入力までの各事務の処理に関する規程を定めている場合に限ります。
一定水準以上の解像度及びカラー画像による読み取り	(1) 解像度が200dpi相当以上であること。 (2) 赤色、緑色及び青色の階調がそれぞれ256階調以上（24ビットカラー）であること。

タイムスタンプの付与	入力期間内に、一般財団法人日本データ通信協会が認定する業務に係るタイムスタンプ（電磁的記録が変更されていないことについて、保存期間を通じて確認することができ、課税期間中の任意の期間を指定し、一括して検証することができるものに限る。）を、一の入力単位ごとの電磁的記録の記録事項に付すこと。 ※入力期間内にその国税関係書類に係る記録事項を入力したことを確認できる場合には、このタイムスタンプの付与要件に代えることができます。
読取情報の保存 （令和５年度税制改正により廃止）	読み取った際の解像度、階調及び当該国税関係書類の大きさに関する情報を保存すること。 ※国税関係書類の受領者等が読み取る場合で、当該国税関係書類の大きさがＡ４以下であるときは、大きさに関する情報の保存は不要です。
ヴァージョン管理	国税関係書類に係る電磁的記録の記録事項について訂正又は削除を行った場合には、これらの事実及び内容を確認することができる電子計算機処理システム又は訂正又は削除を行うことができない電子計算機処理システムを使用すること。
入力者等情報の確認 （令和５年度税制改正により廃止）	国税関係書類に係る記録事項の入力を行う者又はその者を直接監督する者に関する情報を確認できるようにしておくこと。
帳簿との相互関連性の確保	国税関係書類に係る電磁的記録の記録事項と当該国税関係書類に関連する国税関係帳簿の記録事項との間において、相互にその関連性を確認することができるようにしておくこと。
見読可能装置の備付け等	(1) 14インチ（映像面の最大径が35㎝）以上のカラーディスプレイ及びカラープリンタ並びに操作説明書を備え付けること。 (2) 電磁的記録について、次のイ～ニの状態で、速やかに出力することができるようにすること。 イ　整然とした形式 ロ　当該国税関係書類と同程度に明瞭 ハ　拡大又は縮小して出力することが可能 ニ　４ポイントの大きさの文字を認識できる
電子計算機処理システムの概要書等の備付け	電気計算機処理システムの概要を記載した書類、そのシステムの開発に際して作成した書類、操作説明書、電子計算機処理並びに電磁的記録の備付け及び保存に関する事務手続を明らかにした書類を備え付けること。

検索機能の確保	電磁的記録の記録事項について、次の要件による検索ができるようにすること。 (1) 取引年月日その他の日付、取引金額及び取引先での検索 (2) 日付又は金額に係る記録項目について範囲を指定しての検索 (3) 2以上の任意の記録項目を組み合わせての検索 ※税務職員による質問検査権に基づく電磁的記録のダウンロードの求めに応じることができるようにしている場合には、(2) 及び (3) の要件は不要です。

※令和5年度税制改正の内容については、令和6年1月1日以後のスキャナ保存に適用されます。

なお、相手方から書面で請求書や領収書等を受け取り、当該書面をスキャンして電子データとして保存する場合と、相手方から電子データで請求書や領収書等を受け取った場合（電子取引）では、保存の要件が異なるため、ご留意ください（Q4－20参照）。

4-22

支払日とインボイスの対応

インボイス制度は令和５年10月１日から開始するため、令和５年10月１日以後の支出取引について、インボイスの保存が必要になるのでしょうか。

インボイス制度は、令和５年10月１日以後の課税資産の譲渡等から適用されます。インボイス制度の開始は、支出の日ではなく、課税資産の譲渡等の日で判断するため、支出の日が令和５年９月30日以前であっても、課税資産の譲渡等の日が令和５年10月１日以後であれば、インボイスの保存が必要になります。

解説

非営利団体は、比較的小規模な団体が多いため、会計処理を期中現金主義で行っているようなケースがよくあります。そのため、日付に関しては、収支の日を基準に考えてしまう傾向がありますが、インボイス制度の適用開始時期は、あくまで課税資産の譲渡等の日で考えます。

たとえば、令和５年10月１日以降の課税資産の譲渡等である取引について、令和５年９月30日以前に前払いするような場合、支出の日はインボイス制度開始前ですが、課税資産の譲渡等は令和５年10月１日以降のため、登録番号の記載のあるインボイスが必要になります。

他方で、令和５年９月30日以前の課税資産の譲渡等である取引について、令和５年10月１日以後に支払いを行う場合、支出の日はインボイス制度開始後ですが、課税資産の譲渡等の日は令和５年９月30日以前であり、インボイス制度開始前です。そのため、請求書等に登録番号の記載がなかったとしても、仕入税額控除が制限されることはありません。

このように、請求書等に関して登録番号が記載されているか否かの確認が必要となるのは、支出日が令和５年10月１日以後か否かではなく、課税資産の譲渡等の日が令和５年10月１日以後か否かである点にご留意ください。

なお、インボイス制度開始直後においては、本来、登録番号の記載のある領収書や請求書が交付されるべきところ、誤って登録番号の記載のない領収書や請求書が交付される可能性が考えられます。そのため、令和５年10月１日以後の課税資産の譲渡等の領収書や請求書について、登録番号の記載漏れが懸念されるようなケースにおいては、相手方が適格請求書発行事業者か否かを確認の上、仮に適格請求書発行事業者であるにもかかわらず、登録番号の記載が漏れていることが明らかになった場合は、修正インボイスを交付するようにお願いすることになります。

4-23

特定収入に係る課税仕入の調整計算とインボイス制度

インボイス制度における特定収入に係る課税仕入の調整計算について、教えてください。

国等へ報告する文書等により特定収入に係る課税仕入について適格請求書発行事業者以外の者からの課税仕入を明らかにしている場合は、特定収入に係る仕入税額控除の制限額のうち、適格請求書発行事業者以外の者からの課税仕入について、仕入控除税額に加算することができます。

解説

非営利団体は会費収入や寄付金収入など、対価性がない不課税取引の収入割合が大きいことが一般的です。他方で、消費税の計算の考え方は、「売上の消費税額－仕入の消費税額」です。仮に、不課税収入が大きい非営利団体において、消費税がかかっていない不課税の収入（特定収入）を財源とした課税仕入について、そのまま仕入税額控除を行ったとすると、消費税の計算が著しく有利になってしまいます。そのため、特定収入割合が５％超の非営利団体においては、原則課税で消費税を計算する際、特定収入に係る課税仕入について仕入税額控除を制限する調整計算を行う必要があります。

他方で、インボイス制度が開始すると、適格請求書発行事業者以外の者からの課税仕入に関しては、仕入税額控除が制限されます。

このように、インボイス制度が開始すると、適格請求書発行事業者以外の者からの課税仕入に関しては、「特定収入に係る課税仕入の調整計算による制限」と「インボイス制度による制限」の二重の制限がかかることになり、何も調整しないと不利な計算結果になってしまいます。

そのため、令和４年度税制改正により、国等へ報告する文書により特定収入に係る課税仕入について適格請求書発行事業者以外の者からの課税仕入を明らかにしている場合、二重の制限がかからないように調整計算を行うことになりました。具体的には、特定収入に係る仕入税額控除の制限額のうち、適格請求書発行事業者以外の者からの課税仕入について仕入控除税額に加算することができます（新消令75⑧）。

適格請求書発行事業者以外の者からの課税仕入の調整計算

収入

課税仕入等
に係る特定収入
（補助金等）

特定収入に係る仕
入税額控除の制限

支出

適格請求書発行事業者
からの課税仕入
(仕入税額控除の対象)

適格請求書発行事業者
以外の者からの課税仕入
(仕入税額控除の対象外)

二重の制限にならないよう
に調整計算を行います。
仕入控除税額に加算するこ
とができます。

なお、当該調整計算を行うためには、国等へ報告する文書等によって、適格請求書発行事業者以外の者からの課税仕入であることを明らかにする必要があります。すなわち、当該調整計算は、補助金のように使途を国等に報告するような特定収入が対象になり、すべての特定収入が対象となるわけではない点に留意が必要です。

特定収入と仕入税額控除の制限

特定収入	仕入税額控除の制限
補助金等、国等に使途を報告する特定収入	国等へ報告する文書において、適格請求書発行事業者以外の者からの課税仕入であることを明らかにすれば、特定収入に係る課税仕入のうち、適格請求書発行事業者以外の者からの課税仕入について制限がかからないように調整計算することができます。具体的には、特定収入に係る仕入税額控除の制限額のうち、適格請求書発行事業者以外の者からの課税仕入について仕入控除税額に加算することができます（新消令75⑧）。
上記以外の特定収入	特定収入に係る仕入税額控除の制限とインボイス制度による制限が、いずれもかかることになります。

また、当該調整計算は、課税仕入等に係る特定収入により支出された課税仕入のうち、適格請求書発行事業者以外の者からの課税仕入の占める割合が５％を超える場合に限って適用される点にご留意ください（新消令75⑨）。

第5章 インボイス制度導入による影響

インボイス制度が導入されると、免税事業者を含むすべての事業者に対して様々な影響があるといわれていますが、営利事業者における影響と非営利団体における影響は、必ずしも同じではありません。第５章においては、非営利団体のインボイス制度の導入による影響について解説します。

5-1

免税事業者における取引価格見直しの要否

インボイス制度開始後も免税事業者として継続する場合、売手側の取引価格について見直しが必要になるのでしょうか。

私見ですが、仮に免税事業者として継続したとしても、取引単価が少額な取引の場合、取引価格の見直しが必要になるとは限らないと考えます。

解 説

インボイス制度においては免税事業者からの課税仕入について買手側の仕入税額控除が制限されるため、インボイス制度開始後も免税事業者として継続した場合、取引価格の見直しが必要になるという議論があります。

当該議論は、まず、買手側がインボイスを必要とする原則課税の事業者であることが前提となります。買手側が一般消費者や免税事業者、簡易課税の事業者、2割特例の適用事業者の場合、買手側にとって、そもそもインボイスは関係ありません。

また、このような議論は、基本的に一対一で契約を締結するような取引であって、価格の決定権が買手側にあるような取引であり、取引金額も多額になるような取引を前提とした議論であると思われます。

非営利団体の代表的な事業収入として、出版物の販売収入や講習会の受講料収入、申請料・受験料・登録料・更新料等の資格関連収入がありますが、これらの収入は、売手側である非営利団体が価格設定している取引であり、一つ一つの取引単価自体は、少額なケースが多いです。

そのため、仮にインボイス制度開始後も免税事業者として継続することにより、相手方の仕入税額控除が制限されることになったとしても、もともとの単価が少額な場合、仕入税額控除が制限される影響額も少額といえます。

もちろん、影響額が少額であったとしても、同じサービスを別の事業者から代替的に受けられるのであれば、支払う側としてはインボイスを交付できる事業者へ切り替えようという動きが出てくるかもしれません。しかしながら、非営利団体が行う事業に関しては、営利事業者の取引と違って取引の代替性があまりないのが一般的です。

そのため、「この非営利団体でしか購入できないような出版物」や「この非営利団体でしか受講できないような講習会」の場合、単純に「インボイスの交付が受けられないことをもって、出版物の購入や講習会の受講をやめよう」という判断にはならないと思われます。

また、令和５年度税制改正により、基準期間における課税売上高が１億円以下又は特定期間における課税売上高が5,000万円以下である事業者については、令和５年10月１日から令和11年９月30日までの期間、１万円未満の課税仕入についてインボイスがなくても仕入税額控除が可能となったため（28年改正法附則53の２、30年改正令附則24の２①）、１万円未満の取引であればインボイスを求められない可能性もあります。

そのため、私見ですが、仮に免税事業者として継続したとしても、取引単価が少額な取引の場合、取引価格の見直しが必要になるとは限らないと思われます。

なお、賃貸契約や請負契約など、一対一で契約を締結するような取引であって、取引額も多額になるような取引に関しては、相手方にとって仕入税額控除の有無が重要になります。そのため、このような取引に関しては、免税事業者として継続する場合、取引価格の見直しの議論が出てくる可能性があると考えます。

5-2

謝金水準の見直し

インボイス制度開始後、個人に対する謝金については、仕入税額控除が制限される可能性があるため、謝金単価を見直すことになるのでしょうか。

私見ですが、インボイス制度が開始したとしても、謝金単価を見直すとは限らないと考えます。

解説

インボイス制度が開始すると、適格請求書発行事業者以外の者からの仕入に関して、仕入税額控除が制限されます。非営利団体においては、講師謝金など、個人に対して謝金を支払うようなケースが多いですが、そのような個人は、適格請求書発行事業者以外の者である可能性が高いため、インボイス制度が開始すると個人に対する謝金について仕入税額控除が制限される可能性が高いと考えられます。

一般的には、インボイス制度によって、適格請求書発行事業者以外の者からの仕入に関しては仕入税額控除が制限されるため、取引価格の見直しが行われるという議論があります。

しかしながら、個人に対する謝金については、仮に仕入税額控除が制限される可能性があったとしても、謝金単価を見直すとは限りません。

インボイス制度の影響を受けるのは、原則課税の課税事業者です。免税事業者や簡易課税の事業者、2割特例の適用事業者であれば、そもそも仕入側のインボイスは関係ないため、謝金単価について見直すという議論はありません。

また、令和５年度税制改正により、基準期間における課税売上高が１億円以下又は特定期間における課税売上高が5,000万円以下である事業者については、令和５年10月１日から令和11年９月30日までの期間、１万円未満の課税仕入についてインボイスがなくても仕入税額控除が可能となりました（28年改正法附則53の２、30年改正令附則24の２①）。そのため、当該事業者に該当する場合は、１万円未満の謝金についてインボイスがなくても仕入税額控除が可能となるため、謝金単価が１万円未満であれば、経過措置期間中は見直すという議論はありません。

前記以外の原則課税の課税事業者の場合、仕入税額控除が制限されることになりますが、仮に仕入税額控除の制限に合わせて謝金単価を見直す場合、次のような議論が出てくると思われます。

仮に仕入税額控除の制限に合わせて謝金単価を見直す場合

①	免税事業者に対する仕入であっても、経過措置期間中は一定割合について仕入税額控除を行うことができるため、当該経過措置期間に合わせて、段階的に謝金単価を引き下げるかどうかという議論が出てきます。
②	原則課税と簡易課税の選択が年度によって変わる可能性があるような場合、原則課税と簡易課税の選択年度によって、謝金単価を変更すべきかどうかという議論が出てきます。
③	謝金の支払いであっても、所属する組織（適格請求書発行事業者）に対して支払うケースなど、仕入税額控除が可能な場合もあるため、謝金の支出先によって、謝金単価を変更すべきかどうかという議論が出てきます。

謝金に関しては、本人受取額が千円単位や万円単位となるように謝金単価を設定している例も多いため、仕入税額控除が制限される可能性があるからといって、その金額に合わせて謝金単価を引き下げるという対応は、あまり考えられません。

たとえば、講演料謝金として、11,137円（源泉所得税1,137円、手取額10,000円）を支払っていた場合、11,137円×10／110×20%（経過措置前提）＝202円について、仕入税額控除が制限されることになりますが、その分だけ謝金の金額を引き下げるような対応は、あまり考えられません。

そのため、私見ですが、インボイス制度が開始したとしても、謝金単価を見直すとは限らないと考えます。

5-3

インボイスと課税選択

インボイス制度が開始すると、課税事業者選択の判断基準は、どのように変わるのでしょうか。

インボイス制度開始前までは、消費税の還付の有無が課税事業者選択の判断基準になっていましたが、インボイス制度開始後は、インボイス交付の要否が課税事業者選択の判断基準となります。

解 説

インボイス制度開始前までは、免税事業者があえて課税事業者になるようなケースは、設備投資などの一時的に多額な支出が見込まれることにより、消費税の還付が見込まれるようなケースでした。そのため、一時的に免税事業者が課税事業者になるようなケースが多かったと思われます。

他方で、インボイス制度開始後は、取引先との関係において、インボイスの交付が必要になるか否かが課税事業者選択の判断基準になると考えます。なぜなら、インボイスを交付する適格請求書発行事業者になるためには、課税事業者になる必要があるためです。この場合、一時的に免税事業者から課税事業者になるというよりも、取引関係が変わらない限りは、継続的に課税事業者になると考えます。

なお、インボイスの交付が不要なケースにおいては、従来どおり、多額の設備投資等により消費税の還付が見込まれるか否かが判断基準になるものと考えます。

課税事業者選択の判断

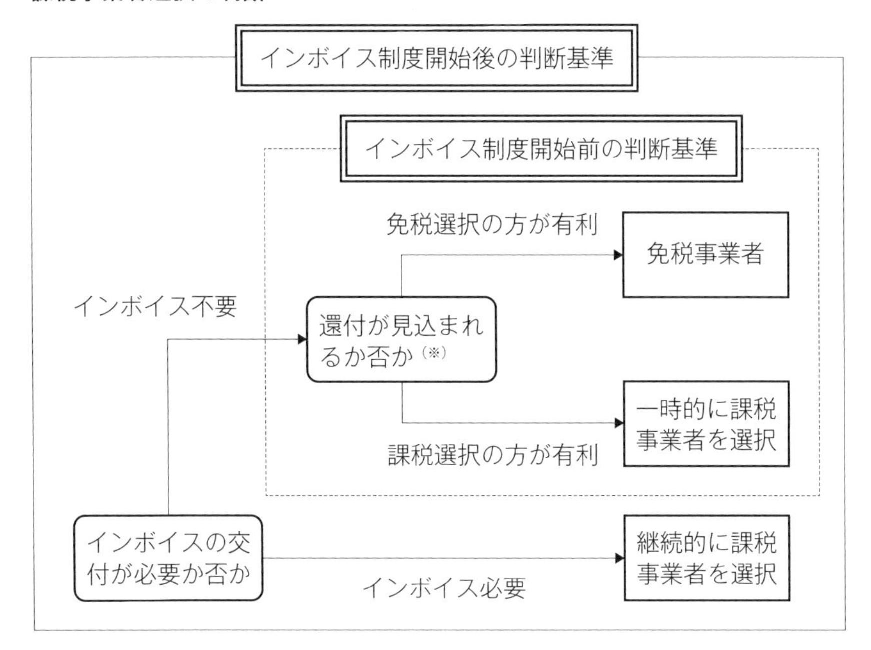

※設備投資など一時的に多額な支出が見込まれる場合、課税事業者を選択すれば、消費税の還付が見込まれる可能性が出てきますが、課税事業者を選択すると、一定期間、免税事業者に戻ることができません。そのため、課税事業者を選択すべきか否かを検討するにあたっては、単年度の還付見込額だけでなく、免税事業者に戻ることができない期間の納税額も考慮する必要があります。

5-4 インボイスと計算方法の選択（原則課税と簡易課税）

インボイス制度開始後に、原則課税と簡易課税の有利・不利の判断が変わる可能性はあるのでしょうか。

適格請求書発行事業者以外の者からの仕入が多額になることが想定される非営利団体の場合、原則課税と簡易課税の有利・不利の判断が変わる可能性があります。ただし、令和5年10月1日から令和11年9月30日までの経過措置期間中は、適格請求書発行事業者以外の者からの仕入であっても、一部について仕入税額控除ができるため、判断が変わるケースは限定的であると考えられます。

解 説

インボイス制度開始後は、適格請求書発行事業者以外の者からの仕入について、仕入税額控除が制限されるため、原則課税の計算が従来よりも不利になります。そのため、従来、原則課税の方が簡易課税よりも有利なケースであっても、インボイス制度開始後は、簡易課税の方が有利になる可能性も出てきます。

非営利団体の場合、個人に対する謝金など、適格請求書発行事業者以外の者からの仕入が想定されます。そのため、適格請求書発行事業者以外の者からの仕入が多額になることが想定される場合、改めて原則課税の方が簡易課税よりも有利か否かを検討するのが望ましいといえます。

なお、令和5年10月1日から令和11年9月30日までの経過措置期間中は、適格請求書発行事業者以外の者の課税仕入であっても一定割合について仕入税額控除が可能であり（Q4－3参照）、基準期間における課税売上高が１億円以下又は特定期間における課税売上高が5,000万円以下である事業者については、１万円未満の課税仕入についてインボイスがなくても仕入税額控除が可能であるため（28年改正法附則53の２、30年改正令附則24の２①）、インボイス制度によって原則課税の計算が従来よりも不利になる影響は限定的であると考えられます。

インボイス制度の検討・準備のためのチェックリスト

まず、インボイス制度の検討・準備を行うにあたっては、適格請求書発行事業者を選択するか否かを検討します。その上で、適格請求書発行事業者になる場合は、インボイスの交付が必要となるため、売手の立場から検討・準備を行います。

そして、適格請求書発行事業者を選択するか否かにかかわらず、消費税計算を原則課税で行う場合は、買手の立場から検討・準備を行います。

【チェックリスト】

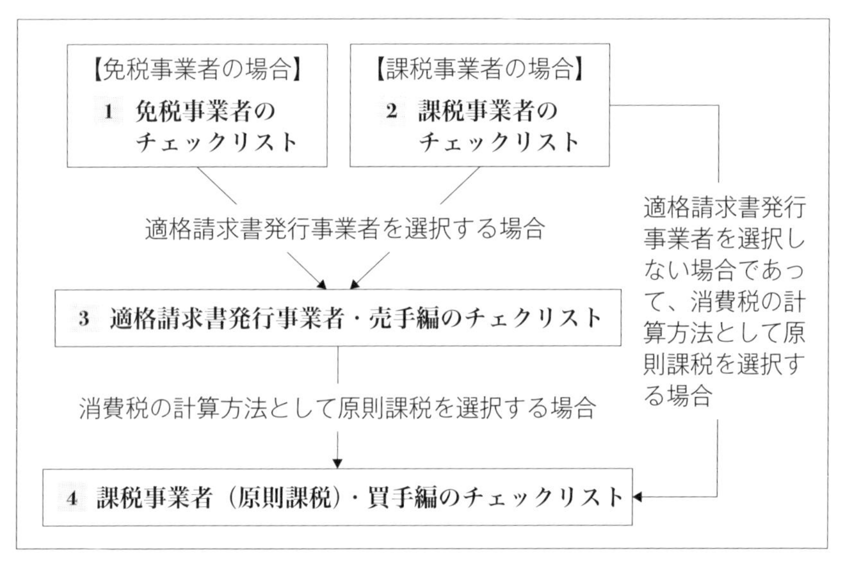

1　免税事業者のチェックリスト

現在、免税事業者である非営利団体は、適格請求書発行事業者(課税事業者)になるべきか否かを検討します。

チェックリスト	✓
継続的な取引の場合、売上の相手方に対して、インボイスの交付が必要となるか否かを確認します。 【Q２－６、Q２－７、Q２－８参照】	
不特定多数を対象としている取引の場合、売上の相手方として、どのような相手方が想定されるのかを検討します。 【Q２－３、Q２－４参照】	
仮に、適格請求書発行事業者になる場合、追加で発生する費用（消費税・税務申告費用）や事務負担を検討します。 【Q２－９参照】	
上記の検討結果を踏まえた上で、インボイスを交付するために適格請求書発行事業者になるべきか否かを検討します。 【Q２－１参照】	
適格請求書発行事業者になる場合は、登録申請手続を行い、登録番号を取得します。また、必要に応じて、取引の相手方に登録番号を通知します。 【Q１－17参照】	
適格請求書発行事業者になると同時に簡易課税を適用する場合、「消費税簡易課税制度選択届出書」を提出します。 【Q２－11参照】	
インボイス制度開始後も免税事業者として継続する場合、既存の請求書や領収書の様式の見直しを検討します。 【Q２－13参照】	

2　課税事業者のチェックリスト

現在、課税事業者である非営利団体も、適格請求書発行事業者になるべきか否かを検討します。

チェックリスト	✓
継続的な取引の場合、売上の相手方に対して、インボイスの交付が必要となるか否かを確認します。 【Q３－７、Q３－８参照】	
不特定多数を対象としている取引の場合、売上の相手方として、どのような相手方が想定されるのかを検討します。 【Q３－10、Q３－11、Q３－16、Q３－17参照】	
上記の検討結果を踏まえた上で、インボイスを交付するために適格請求書発行事業者になるべきか否かを検討します。 【Q３－１参照】	
適格請求書発行事業者になる場合は、登録申請手続を行い、登録番号を取得します。また、必要に応じて、取引の相手方に登録番号を通知します。 【Q１－17参照】	

3　適格請求書発行事業者・売手編のチェックリスト

適格請求書発行事業者になる場合、インボイスの交付義務と写しの保存義務が生じます。そのため、売手の立場から事前に検討・準備を行います。

チェックリスト	✓
売上の内容に応じた適格請求書の様式を検討します。 【Q1－5、Q1－8参照】	
売上の内容に応じた適格簡易請求書の様式を検討します。 【Q1－6参照】	
請求書や領収書の交付をシステムで行っている場合、インボイスの記載事項を満たすようにシステムを改修します。 【Q1－5、Q1－6、Q1－8参照】	
インボイスを交付する場合、内容に応じて、適格請求書を交付するのか、適格簡易請求書を交付するのかを検討します。 【Q3－10、Q3－16、Q3－17、Q3－22参照】	
会費収入に対して、インボイスを交付すべきか否かを検討します。 【Q3－3参照】	
負担金収入に対して、インボイスを交付すべきか否かを検討します。 【Q3－4参照】	
協賛金収入に対して、インボイスを交付すべきか否かを検討します。 【Q3－5参照】	
出版物の販売に対して、インボイスを交付すべきか否かを検討します。 【Q3－10、Q3－11参照】	
委託販売に関して、媒介者交付特例によりインボイスを交付するのか、代理交付によりインボイスを交付するのか、委託先に確認します。 【Q3－12参照】	
受講料収入に対して、インボイスを交付すべきか否かを検討します。 【Q3－16参照】	
資格関連収入に対して、インボイスを交付すべきか否かを検討します。 【Q3－17参照】	
家賃収入に関して、契約書をインボイスとして扱う場合、登録番号など、現時点の契約書において不足している記載事項を賃借人に通知します。 【Q3－8参照】	

著作権使用料収入（印税収入）に関して、相手方から交付される支払通知書等をインボイスとして扱う場合、登録番号を相手方に通知します。 **【Q3－15参照】**	
決済代行会社を利用する場合、決済代行会社がインボイスの対応を行うのか否かを確認します。 **【Q3－21参照】**	
学会の場合、学術集会におけるインボイスの対応をどのような形で行うのかについて、委託先であるコンベンション会社と事前にすり合わせておきます。 **【Q3－22、Q3－23参照】**	
他団体との共同事業においてインボイスを交付する場合、構成員となる団体は、適格請求書発行事業者の登録を行った上で、幹事となる団体に対して、登録番号を通知します。 そして、幹事となる団体は、所轄税務署長に対して「任意組合等の組合員の全てが適格請求書発行事業者である旨の届出書」を提出します。なお、幹事となる団体においては、どのような様式で共同事業のインボイスを交付するのか、インボイスの様式を事前に検討します。 **【Q3－24参照】**	
インボイスの交付方法や写しの保存方法に関して、非営利団体内で情報共有を図ります。 **【Q3－25参照】**	
税額計算の方法について、積上げ計算によるのか、割戻し計算によるのかを検討します。 **【Q3－27参照】**	

4　課税事業者（原則課税）・買手編のチェックリスト

消費税計算を原則課税で行う場合、仕入先からインボイスが交付されるのか否かが重要となります。そのため、買手の立場から事前に検討・準備を行います。

チェックリスト	✓
継続取引先に対し、必要に応じて、適格請求書発行事業者の登録の有無を確認します。 なお、取引先が適格請求書発行事業者の登録を行わない場合、価格交渉を行うか否かを検討します。 【Q4－2参照】	
インボイス制度開始後、請求書等の保存がなくても仕入税額控除が認められる取引の取扱いが変更となるため、当該取扱いについて事前に確認し、実務への影響を検討します。 【Q4－4、Q4－5、Q4－6参照】	
インボイス制度開始後の旅費の扱いについて、ケース別（役員・従業員・委員・外部講師）の対応方法を事前に確認し、実務への影響を検討します。 【Q4－8、Q4－9、Q4－10、Q4－11、Q4－13参照】	
インボイス制度開始後の謝金の扱いについて、実務への影響を確認します。また、仕入税額控除を行うための証憑として、どのような証憑を保存するのかを検討します。 【Q4－12、Q4－14、Q5－2参照】	
家賃収入に関して、契約書をインボイスとして扱う場合、登録番号など、現時点の契約書において不足している記載事項について賃貸人から通知を受けます。 なお、賃貸人が適格請求書発行事業者の登録を行わない場合は、家賃の価格交渉について検討します。 【Q4－15、Q4－17参照】	
学会の場合、学術集会に係るインボイス（支出側のインボイス）の提出について、委託先であるコンベンション会社や学術集会運営事務局に依頼します。 【Q4－18参照】	
他団体との共同事業がある場合、幹事となる団体においては、構成員に対して交付する精算書の様式を検討します。 【Q4－19参照】	

電子インボイスの交付を受けた場合の保存要件やスキャナ保存を行う場合の保存要件について確認します。 【Q４－20、Q４－21参照】	
インボイス制度開始後、原則課税と簡易課税の有利・不利の判断が変わる可能性があるのか否かを検討します。 【Q５－４参照】	

■参考資料等

・国税庁「適格請求書等保存方式の概要 －インボイス制度の理解のために－」(令和４年７月)

・国税庁「適格請求書等保存方式（インボイス制度）の手引き」(令和４年９月)

・国税庁「国、地方公共団体や公共・公益法人等と消費税」(令和４年６月)

■著者紹介

岡部 正義（おかべ・まさよし）

公認会計士・税理士・行政書士

中央大学商学部会計学科卒業。平成11年 朝日監査法人（現有限責任あずさ監査法人）入所。その後、平成16年 税理士法人トーマツ（現デロイトトーマツ税理士法人）を経て、平成17年に岡部公認会計士事務所開設。

現在、公益法人・一般法人に対する会計指導・税務顧問・申請手続等を中心にサービスを展開中。日本公認会計士協会東京会公益法人委員会（現非営利法人委員会）の委員歴任。

【著書】

・「公益法人・一般法人における区分経理の会計・税務」（清文社）

・「よくある疑問・誤解を解決！ Q&A公益法人・一般法人の会計と税務」（清文社）

・「ケース別論点解説 公益法人・一般法人の運営・会計・税務 実践ガイド」（清文社）

・「非営利団体における組織変更の手続と税務」（清文社）

公益法人・一般法人・NPO 法人等における
インボイス制度の実務 Q&A

2023年 5 月15日　発行

著　者　　岡部 正義 ©

発行者　　小泉 定裕

発行所　　株式会社 清文社
東京都文京区小石川 1 丁目 3 − 25（小石川大国ビル）
〒112-0002　電話03(4332)1375　FAX 03(4332)1376
大阪市北区天神橋 2 丁目北 2 − 6（大和南森町ビル）
〒530-0041　電話06(6135)4050　FAX 06(6135)4059
URL https://www.skattsei.co.jp/

印刷：亜細亜印刷㈱

■本書の内容に関するお問い合わせは編集部まで FAX（03-4332-1378）又はメール（edit-e@skattsei.co.jp）でお願いします。
■本書の追録情報等は，当社ホームページ（https://www.skattsei.co.jp/）をご覧ください。

ISBN978-4-433-71873-2